北清学子的 有效学习方法

未央Erin 著

北京大学出版社
PEKING UNIVERSITY PRESS

# 内 容 提 要

本书介绍了8位北清学霸的奋斗故事和88个高效学习技巧,内容生动而有力量。全书共六章,第一章介绍"逆商王者"未央的故事及方法论;第二章介绍"数学王者"郎哥的故事及方法论;第三章介绍"文科状元"Lily的故事及方法论;第四章介绍"理科状元"添植的故事及方法论;第五章介绍"自救女孩"市谷蓝的故事及方法论;第六章介绍典型学霸的共同特征和三位非典型学霸的故事。

本书内容通俗易懂,案例丰富,兼具故事性和方法论。它既可以为中学生的学习指明方向,提供方法,创造动力;也可以为所有备考人群提供前行的力量。前路漫漫,我们并不孤单。

**图书在版编目(CIP)数据**

北清学子的有效学习方法 / 未央Erin著. — 北京 :北京大学出版社,2024.4
ISBN 978-7-301-34986-1

Ⅰ. ①北… Ⅱ. ①未… Ⅲ. ①高中生 – 学习方法 Ⅳ. ①G632.46

中国国家版本馆CIP数据核字(2024)第078585号

| | | |
|---|---|---|
| 书　　　　名 | 北清学子的有效学习方法 | |
| | BEIQING XUEZI DE YOUXIAO XUEXI FANGFA | |
| 著作责任者 | 未央Erin　著 | |
| 责 任 编 辑 | 王继伟　刘　倩 | |
| 标 准 书 号 | ISBN 978-7-301-34986-1 | |
| 出 版 发 行 | 北京大学出版社 | |
| 地　　　　址 | 北京市海淀区成府路205 号　100871 | |
| 网　　　　址 | http://www.pup.cn　新浪微博:@ 北京大学出版社 | |
| 电 子 邮 箱 | 编辑部 pup7@pup.cn　总编室 zpup@pup.cn | |
| 电　　　　话 | 邮购部 010-62752015　发行部 010-62750672　编辑部 010-62570390 | |
| 印 　刷 　者 | 三河市博文印刷有限公司 | |
| 经 销 者 | 新华书店 | |
| | 880毫米×1230毫米　32开本　6.25 印张　154千字 | |
| | 2024年4月第1版　2024年4月第1次印刷 | |
| 印　　　　数 | 1–4000册 | |
| 定　　　　价 | 49.00 元 | |

# 前 言

我曾经历过那段迷茫又焦虑的青春岁月,每天如同在茫茫大海中漂泊,找不到前进的方向。理科的压轴题让我束手无策,文科的主观题更是让我捉摸不透。在高考和竞赛的双重压力下,我一次次被打倒,却又不得不强撑着站起来。

在那些艰难的时刻,我渴望的并不是那些制作精良的视频网课。因为我知道,自己总是难以抵挡手机的诱惑,一旦开始,便无法自拔。我真正需要的是一本能够触动我心灵的书,它既有引人入胜的故事情节,又蕴含着深刻的方法论。

当我的指尖轻轻翻过书页,那些铅字仿佛带着一种神奇的力量,让我逐渐平静下来,找回内心的坚定。那些文字如同灯塔般照亮我前行的道路,让我在迷茫中找到方向,在焦虑中找到安慰。

因此,在我摸索并成功跨越难关后,作为一个经验丰富的先行者,我渴望撰写一本既生动又充满力量的书。"取法于上,仅得为中;取法于中,故为其下。"若要求学,就要向最优秀的人学习。我深知个人的智慧和力量是有限的,所以邀请了8位来自北大、清华、复旦、浙大的学霸朋友共同参与这个项目。我逐一采访他们,然后撰写稿件,发给他们进行反馈后再做修改。我的目标是找到每个专业领域内最出色的那些人,找到最为切实有效的方法论,并且用最真诚的方式呈现给读者。

在生活的旅途中,每个人都会遭遇挫折。那些你认为可能只有自己才会经历的困境,无论其发生的概率多么微小,在历史的长河中,其实总有人面临过类似的境遇。请相信，没有一分挫折与苦难是孤立存在的，我们都能从他人的经验中找到共鸣和力量。

为方便广大读者学习，我在本书的最后精心归纳了88个实用的学习技巧。这些技巧均是我个人在实际学习过程中亲身体验并验证过的，具有较高的实用性和参考价值。其中，一半的技巧在前面的故事中已有详细的讲解和阐述，经过提炼后，为大家提供了一个复习和巩固的机会；而另一半则是全新呈现，供读者根据自身需求和学习特点选择适合自己的方法。

我相信，只要保持积极的心态、掌握正确的学习方法，并坚持不懈地努力，这本书将陪伴你走过一段漫长而充满挑战的上坡路，成为你学习旅程中不可多得的宝贵财富。

最后，我要向接受访谈的8位学霸朋友表达由衷的感谢。他们毫无保留地分享了自己的知识和经验，为本书提供了丰富的素材和宝贵的建议。他们的真诚和热心，体现了学长学姐们的赤子之心，他们的愿望就是帮助学弟学妹们少走弯路，让青春不留遗憾。

在纷繁复杂的世界中，愿我们都能保持清醒的头脑，不迷失方向，坚定自己的青云之志。让我们携手共进，勇往直前，不断追求进步和成长。

# 目 录

 第1章 清华"踹"了我一脚，我选择了北大

## 第2章 跟数学王者学理科思维

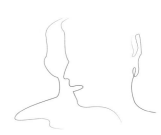

## 第3章 跟文科状元学文理分治

## 第4章 跟理科状元学二力合一

## 第5章 从抑郁到自洽，从小城到北大

第6章　**典型学霸的共同特征**

**附录：学霸的 88 个学习技巧**

第1章

# 清华 "踹" 了我一脚，我选择了北大

你有没有在遇到挫折与困难时，觉得很不公平？怎么别人的人生是"海阔凭鱼跃，天高任鸟飞"，而自己的却是"人生更在艰难内，胜事年来不易逢。"实际上，许多看似光鲜亮丽的普通人背后都经历了无数次的挣扎和努力。他们或许在现实中遭受了重重打击，却依然选择坚强地站起来。只是从困境中崛起的人往往不愿与人展示那心酸的过往，而我想将这些故事讲给你听，让你看到他们的努力和坚韧。

## 1.1 鸡头还是凤尾？去凤群争凤头！——"逆商王者"未央

分班、择校、求职，每一次人群分层都是选择的过程。你越优秀，选择的空间就越大。当你千辛万苦换来了选择的自由，问题就来了：是去鸡群当鸡头，快乐顺遂求稳妥，还是去凤群当凤尾，黯然失色求发展？选择有时候比努力更重要。而我的选择，是不断去凤群当凤尾，再向凤学习，最终争当凤头。

走路的时候，走一步最好提前看三步，不然容易被现实突然踹飞。我在高三的时候就被现实狠狠踹了一脚。

高三的第一次摸底考试，原来分开考的物理、化学和生物突然合为一套卷。用两个半小时的时间去答三个科目的题目，时间安排、答题节奏都需要提前训练。我的很多同学都提前知道了这个消息，于是趁着假期去上理综刷题班，一套一套练下来，早就把我甩远了。而我还在傻乎乎地写假期作业，不知理综的魔力。照常学习，照常考试，失常作答，失常发挥。

当高三第一次摸底考试的成绩出来时，我整个人都蒙了，那是一个个人历史新低，远比我的历史第二低要低得多。看着昔日在自己身后的同学们飞奔着超越了自己，心里真是五味杂陈。

那可是老师耳提面命的高三第一次摸底考试啊，在整个高中三年都具有里程碑式的意义，宣告着高三的正式开启，宣告着为期一年的艰苦奋斗伊始，而我就这么考砸了。

### 1.1.1　在荣誉班悄无声息

考试结束后不久，学校组织了荣誉班。根据上高中以来的历次大型考试成绩做加权平均，从年级选了三十名同学。当学习委员告诉我入选的时候，我根本没有犹豫，我是肯定要去的。

我知道很多朋友常会犹豫：鸡头还是凤尾？我是喜欢挑战的人，所以我一直都在选择当凤尾，并在持续吸取身边凤的经验后，一次次成为凤头。小学的时候我去奥数班当插班生，初中的时候我去竞赛班当"透明人"，后来都成为其中的佼佼者。我认为，如果你想学习凤凰的风姿，至少要先到凤群里去见识凤是如何飞翔的吧？对于心理承受能力一般的同学来说，我建议你去凤群锻炼一下抗压能力，毕竟这才是受用终身的核心竞争力；对于喜欢挑战的勇者，毫无疑问你自己就会选择凤群。鸡群凤群之论示意图如图 1.1 所示。凤群里再弱也是凤，鸡群里再强也是鸡。进了凤群再不济可以退回鸡群，而进了鸡群想要再获得凤群敲门砖，那可就难了。

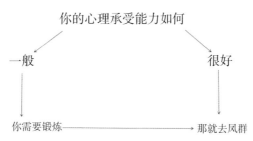

图1.1　鸡群凤群之论示意图

鸡群凤群之论听起来简单，但做起来是真的难。

我在高三进入荣誉班，一夕之间，语数外理化生的老师全换了。班里的同学，都是年级排名前列的学生，彼此之间或多或少都听说过，但没什么深入接触。课间、午间的教室，安静得仿佛掉根针都清晰可闻。连和同桌说话都要压低声音，免得与这环境格格不入。时常觉得自己就像窗台上的一盆小草，旁观着一切；却又不如那盆小草，至少小草不用考试、排名，还有人天天给它浇水。想起昔日欢声笑语的同学们，以前只觉得吵闹，但现在只有怀念。

在荣誉班，大家同学了一个月后，午休时分的班级里才有了点热闹劲儿，故作成熟的少年们显露出应有的孩子气。

不变的是班主任老师依旧隔三岔五前来打打鸡血，喂点鸡汤：你们可是荣誉班的学生，要对学校的荣誉负责！

### 1.1.2　清华梦的破碎

在那个安静却不平静的晚自习，摸底考试考砸的后遗症终于来了。那是一场漫长的折磨，默默地发生着。

东北的天黑得格外早些。那天晚上才七八点，外面就已经漆黑一片了，黑压压透着寒意。我从题海中抬起头想要活动活动脖子，便看到了左右奋笔疾书的同学们，和窗外的一片黑夜。没什么看头，于是低下头继续做自己的事情。一个晚自习可以刷一套卷子，抑或是练一篇作文，再整理一些错题，那是安静的、无人打扰的高效学习时间。

这一天不是无人打扰。或者说，他们想要不打扰我们，却选了最打扰我们的方式。年级主任背着手站在教室的后门，你即使背对着他，也能感受到他的目光。他挥一下手，叫了一个学生出去，两人离开后，一个学生回来，又叫下一个学生出去，像某种神秘的仪式，在这个黑夜里一次次重复。

回来的学生带着一种隐秘的快乐，没被叫到的学生含着一种忐忑的期待。没有人说话，却好像一切尽在不言中。

那场仪式的主导者是清华大学招生办，辅助者是年级主任，参与者是教室内三十个人中优秀的二十一二个，而我是全程的旁观者。一次次期待，一次次期待落空。像清华北大这样的学校，提前到重点高中锁定优质生源，聊人生聊理想进行双向选择，是大家都心知肚明的事。我之前也幻想过这样的情景发生在我身上，我要怎样与老师描绘我的梦想，没想到现在只能旁观他人的幸福，一句话也说不出来。我的同桌丢下做了一半的题目，出去了；我的前桌，也出去了；我前桌的同桌，他成绩那么好，更是要出去的。他们坐得离我那么近，但又仿佛非常遥远。

我考砸了最重要的一次考试，于是前面的成绩便不作数了。竞争是胜利者的游戏，失败者只能赔笑，装作不在乎，假装无事发生。

但我清清楚楚听到什么东西碎裂的声音，是我的骄傲和我的清华梦。

### 1.1.3　除了清华，还有北大啊！

中学的时候有个固有的认知错误：觉得理科生应该上清华，文科生应该上北大。这实在是大错特错。1952 年，全国院系调整，北京大学的工学院被并入清华大学，而清华大学的文学院、理学院、法学院被并入北京大学等高校。经院系调整后，北京大学成为一所以文理基础教学和研究为主，兼有前沿应用学科的综合性大学。

那时候的语文早读，会给全年级播放纪录片《大师》，我每次都看得特别认真。一方面积累作文素材，一方面也是难得的心灵放松。我还记得，马寅初在出任北京大学校长的就职典礼上的讲话。当时看完就觉得，要是能去北大读书，那可真幸福啊。富有文化底蕴的校园，具有人文关怀的老师，自在徜徉于知识的海洋，岂不快哉？

清华梦碎了，北大梦又开始熊熊燃烧。我向来是不畏惧困难和挫折的。"夫天地者，万物之逆旅也；光阴者，百代之过客也。"人生一世，就当个人生体验收藏家吧。有好的，就愉快地接受；有不好的，也照单全收，都是体验，都是经历。梅花香自苦寒来，虽然我并不感恩苦难，但我一直期待那个能熬过苦难的自己。

智商能让你的学习过程变得更轻松，情商能让你的人际交往变得更愉快，而逆商则赋予你大踏步走向未来的勇气与决心。人生不是单线程的，越往后走，分岔路越多，未知的困难与挫折也越多。所以越早修炼逆商，以后的经验就越足，摔的时候就越不疼。

那个晚自习，八点半结束。我本想跑回家找妈妈大哭一场，想了想又觉得不必。哭泣只能调节情绪，不能解决问题，如何解决问题呢？我背着书包又去了校外的自习室，刷题可以解决问题。那一夜，我和我的骄傲一起刷数学、刷语文、刷英语、刷理综。我在做题的过程中不断重建我的自信和勇气，与夜为伴，不知疲倦。

此后的日子，我每天早上七点到学校晨跑，晚上八点半从学校离开，半夜十一点半从自习室回家。时间是最公平的资源，你每经历一天就拥有二十四个小时。你浇灌在哪里，哪里就会开出灿烂的花朵。而时间是有限的，能开的花儿也是有限的，所以要提高效率，要开最美的花。

我经过多年的探索实践，有了自己的原创学习方法论，如"涂格子法""王者学习法"和"高效休息法"，在后面的章节会为大家详细介绍。

那次晚自习之后的大型考试，我的成绩很快爬了上来，从年级前二十名到年级前十名，我一次次证明自己，让同学们了解了我，让老师们认识了我。我记得妈妈看到我的成绩单时，眼底的心疼终于化作了骄傲，她说：

"妈妈就知道，你憋着一股劲儿呢，你一定能做到的！"当时我没找妈妈哭，是因为她无法帮助我，只能陪着我难过。我想用实力说话，这样的语言才有分量。

荣誉班不愧是荣誉班，真的撑起了东北师大附中的荣耀。最终班里三十个人中有十几人考上了北大清华，全员顶尖 985。而我呢？我现在在北大读地理和经济双学位，已经保研留在北大继续攻读经济地理方向了。

当年毅然加入凤群的我，最终也成了凤。

## 1.2　涂格子法

你是否看了无数励志视频，但每次都只能拥有三分钟热血，无法持续？你是否明知道该好好学习，但一次次被困难打败，前功尽弃？正常，太正常了，千万不要灰心！这一节我想和你分享的是我使用多年，不断迭代后，既实用又易用的学习方法——涂格子法。让学习就像一场你为自己设计的专属游戏，快乐闯关，无悔青春！

### 1.2.1　如何从学习中获得快乐

提到学习，你会想到什么？上课？作业？考试？辛苦？痛苦？不喜欢？那只是应试模式下的学习。如果老师讲课没有逻辑，那你不喜欢上课是正常的；如果作业繁多冗杂，那你不喜欢作业是正常的；如果考试考不好就会被教训指责，那你不喜欢考试也是正常的。如果因为以上原因而感到辛苦和痛苦，那就更正常了，说明你是个有感情、有感知能力的正常人。但如果你因此说自己不喜欢学习，那你对学习的认知就太狭隘了，你对自己的认知能力也太低估了。

你有没有熬夜看小说到凌晨三四点，紧追剧情，甚至为喜欢的小说续写改编？你有没有一天2倍速追剧18集，和剧友相谈甚欢，甚至去做创意表情包？你有没有打游戏不分昼夜，研究攻略，只为闯关成功？发现新鲜事物，想办法深入了解，并获得一定的反馈，这就是学习的本质。在这个层面上，学习是每个人的本能。因为我们正是通过不断学习才进化成了今天的自己。

那为什么我们喜欢看小说、追剧、打游戏，却不喜欢学习语数外理化生政史地呢？因为前者是自主选择的探索，可以按照自己的节奏进行，并且相对容易获得正反馈。当这些条件被打破，你会发现连打游戏都变得没那么有趣了。

（1）你被动选择了一款游戏，因为教练说打这个游戏出成绩最快。

（2）你需要每天训练10小时以上，精神高度集中。但你的队友可能没你努力但天赋比你高，训练时间短但成绩比你好。

（3）定期举行队内队外的竞赛，并且进行排名。排名低的会被教练指责，令家长失望。

结合（1）（2）（3），你还觉得自己会喜欢打游戏吗？你的喜欢能让你支撑1个月吗？能支撑1年、10年吗？

如果你长期无法从一件事中获得快乐，那你是很难坚持的。学霸们为什么能成为学霸，因为他们的天赋＋努力＋方法，使得他们在学习这一领域内能获得有效的正反馈，支撑着他们继续前行。就像闯关一样，每过一关都能得到奖励。这样逐渐锻炼出的自信，会让他们在面对学习中的困难时就像遇见游戏中的大BOSS（头目）一样，紧张且期待。

### 1.2.2　你不是不喜欢学习，只是不喜欢考试

对于求学路上的朋友们来说，这场游戏中的大 BOSS，绝对是考试无疑了。在 1.2.1 小节我们发现，其实我们是有求知的本能、探索的能力和接受反馈的心理承受能力的。只是考试这个大 BOSS 太难了，我们不知道该怎么面对它。在面对考试方面，普通人与学霸产生了心态分异和方法分异。

心态分异：普通人在考试前，已经开始焦虑万一考砸了该怎么办了。想到考试就仿佛在凝视深渊，头皮发麻。想复习，却觉得毫无头绪、全无章法；不复习，又觉得心绪不宁、自责内耗。恨不得眼睛一闭一睁，考试这一天就过去了。而学霸在考试前，则是有条不紊在磨刀，磨刀霍霍向考试。情绪稳定，实力在线，直接闯关。

普通人在考试后，往往不愿面对那些试卷。毕竟面对痛苦，逃避是人类的本能。但学霸却能把考试当作助手，而非敌人。毕竟，除了中考、高考、考研这类大型考试能够决定你未来一段时间的人生走向，像月考、期中考、期末考这样的小型考试都是检验性质的考试，而非选拔性质的考试，它们最大的作用就是告诉你下一阶段的方向在哪里。

方法分异：如何为自己设定一个切实可行的目标，为自己的人生游戏设定关卡呢？重新梳理一遍你的错题，并进行分类处理。把那些你确实没有思路的重难点，你错了之后直呼"该错"的题，整理到错题本上。把时间花在刀刃上，你可以使用"巧用错题本法"。

（1）把试卷正反面复印。

（2）把错题的题干裁剪下来，粘贴到错题本上。

（3）先看着正确答案学会解题思路，再在粘贴好的题干下面自己重新做一遍错题，做完后用红笔批改。此时再做错的，就真的是重中之重的题目，

可以用红笔重新誊抄正确答案，并用白纸盖住答案反复尝试解题，直至可以完整独立解出。

（4）注明题眼（试题考查的重点主旨所在）、突破口（从哪个条件开始解题）、关键的套路和小结论（可以用在其他题目中的精华）。

除了重难点外，还有一些题目，你本可以得分却失了分。

（1）马虎导致的计算错误。

（2）时间分配不合理导致会的题没有时间做。

（3）太紧张导致考试时思维混乱，当时不会做的题，过后很快就会做了。

这些题目无须放到错题本里，但你可以计算这些题目的总分数，作为"增值分"。你的"原始分"+"增值分"，就是你下一阶段考试的合理"目标分"（考试目标分的设定）。

### 1.2.3　快乐的小格子

在 1.2.1 小节，我们明确了要从学习中获得快乐才能可持续学习；在 1.2.2 小节，我们发现了现阶段学习中最大的困难来自考试；在 1.2.3 小节，我们将共同打造一个专属于自己的学习游戏。在正式开始之前，我们还可以从一些"过来人"身上找到一些灵感。

内耗、焦虑、没有获得感，不只是学生党的专属，更是打工人的常态。小红书的官方账号收集了许多年轻人的故事。他们有的曾经是知名互联网企业的员工，有的是写字楼白领，有的是即将毕业的应届生，从快餐店老板、保洁员、服务员到宠物美容师，年轻人试图通过这些"不费脑子"的体力活，重新夺回对生活的掌控和内心的秩序。快餐店老板的日常就是买菜、洗菜、切菜、炒菜、打菜、洗碗，做完就下班。繁重、机械的肉体拉练，让年轻人短暂回避了精神上的痛苦。同时，可以被量化和肉眼可见的劳动成果，也给他们带来了即时、确定的满足和成就。说白了，就是用外在的匆忙和喧嚣来麻痹内心的不安。

这里的重点在于，学习成果往往是难以量化的。很多时候，虽然我们上了一天学，却往往不知道自己实质上得到了哪些东西，没有获得感会让疲惫失去意义。因此，我们要为自己设置可量化的系统，增强获得感。人生不过三万天，如果宏大的目标会让你陷入虚无，那么把每一天都过得清清楚楚，明明白白，不仅高效，而且快乐，也许就是人生真正的意义。

我们只需要一张白纸，画好 $5 \times 6$ 的格子，每个格子代表一天。每天睡前，请你把这一天所有帮助你变得更好的事情简要记录下来，示例如下。

（1）学习类：学物理 1.1 节；背 50 个单词；写一篇 800 字的作文；整理 10 道错题。

（2）个人成长类：看一部《大师》纪录片；看一场演讲比赛；读一本书。

（3）生活习惯类：护肤；跳操 15 分钟；跑步 2 公里；和朋友舒适相处。

涂格子法示意图如图 1.2 所示。

| 1<br>（1）写一篇800字的作文<br>（2）跳操15分钟 | 2 | 3 | 4 | 5 | 6 |
|---|---|---|---|---|---|
| 7 | 8 | 9 | 10 | 11 | 12 |
| 13 | 14 | 15 | 16 | 17 | 18 |
| 19 | 20 | 21 | 22 | 23 | 24 |
| 25 | 26 | 27 | 28 | 29 | 30 |

图1.2　涂格子法示意图

用短短几十个字概述这一天所做的能帮助你变好的事情之后，请你为这一天的小格子涂上颜色。

（1）如果你今天觉得很快乐，请为你的小格子涂上明亮的黄色。

（2）如果你今天觉得心情不好也不坏，请为你的小格子涂上理智的蓝色。

（3）如果你今天觉得超难过，请为你的小格子涂上一层黑色。

如果这一天有考试出了成绩，请在小格子上进行以下操作。

（1）分数达到"上次原始分"+"上次增值分"，即"本次目标分"，请为自己增加两个黄色小格子（画在 30 个小格子的背面就好）。

（2）分数与"上次原始分"持平，请为自己增加一个黄色小格子。毕竟，激流中维稳不退，已经需要很大的努力了，也很值得鼓励。

（3）分数低于"上次原始分"，不用对小格子做任何操作。

设置这样的机制是为了告诉你，去参加考试，至少不会让事情变坏，反而有可能让事情变得更好。这种积极的心理暗示，将帮助你更好地面对考试。

如果你读到这里，立刻找来了一张白纸，准备开始涂格子，那真是再好不过了！人生不过三万个小格子，明亮的黄色越多，说明你的人生越快乐；小格子内的文字越多，说明你的人生越充实。我亲身实践了几年，惊喜地发现，一天越充实，做了越多能帮助自己变得更好的事情，晚上回想时心情就越好。那是一种自洽、宁静、幸福的感觉，让人不自觉沉浸其中。充实了几天后，再和朋友们一起去快乐玩耍，那真是吃什么都香，看什么都新奇。再也不会内耗焦虑，玩得心安理得。

反之，有时候一天明明什么也没做，好像一直在休息，却非常不开心。

我曾经有一天，睡到中午 12 点才起床，起床后就开始刷手机，头昏脑涨刷了 2 个小时才匆匆点外卖，吃完饭后又开始漫无目的地刷短视频、看小说直至深夜。那一天我的小格子是黑色的。

朋友们，我们都想过上充实快乐的人生，都想实现自我价值。坚持运用"涂格子法"，每当你内耗焦虑的时候，这些小格子会给你以下提醒。

（1）去做有益身心健康的事情吧，活得久一点，增加小格子的数量。

（2）去做令你充实快乐的事情吧，要开心一点，增加黄色小格子的比例。

（3）你的每一天都是清清楚楚的，你的情绪是连贯又具有突发性的。

它们能帮助你更好地观察自我，过好自己的生活。

行动起来吧，朋友们！祝我们都能拥有更多更明亮的小格子！把这场量化的游戏玩得开心，玩得精彩！

## 1.3　王者学习法

有一阵子，"公主学习法"风靡全网，大意是把自己想象成高贵的公主，要用公主的心态和行事风格完成自己的学习工作。这种方法巧妙迎合了大脑的喜好，为平淡的生活增添了色彩，但我感觉这种学习法还有改进的空间。且不说男孩子实在无法代入，很多女孩子比起公主，也更想成为自信放光芒的女王。因此，我独创了"王者学习法"。一个真正的王者，应该有"莫名其妙"的自信、旁若无人的专注和死磕到底的精神。

### 1.3.1　"莫名其妙"的自信

我发现很多同学的自信，都非常表面，极度依赖于外界的评价。考好了就自信，考不好就怀疑人生。这并不是自信，而是对外界评价的即时反馈，是向外探求而非诉诸自己。真正的王者，需要的是"莫名其妙"的自信。

1. 什么是"莫名其妙"的自信？

就是无论外界环境怎样变化，都始终相信自己有意愿且有能力去处理好自己的事情。一道题解不出，一次考试失利，老师和家长的不看好，都并不影响自己对自己能力水平的认知和判断。

2. 为什么要有"莫名其妙"的自信？

皮格马利翁效应就是最好的答案。美国心理学家罗森塔尔和雅各布森曾经在一所小学做了一个实验，他们对学生们进行了一次"预测未来发展的测验"，并在学生中随机选取了20%，告诉老师这20%的学生的能力在今后会得到发展。8个月后，他们对当初的学生们又进行了第二次智力测验。结果发现，当初被随机抽取的20%的学生，比其他学生在智商上有了显著的提高。这就是期望的力量。当老师期望学生更加优秀，学生就真的变得更加优秀了。所以作为"王者"的你，请一定要有一种"莫名其妙"的自信。因自信而更容易做出成绩，因做出成绩而更加自信，是一个非常良性的循环，会不断加强你的自信，帮助你做成更多你希望做成的事情。

3. 怎么样拥有"莫名其妙"的自信？

先来了解一下跳蚤效应：把跳蚤随意抛在地面上，它很轻松就能跳一米多高。但如果在一米高的位置放置一个障碍物，使得跳蚤每次跳起来都会撞到障碍物，那么一段时间后，即使没有障碍物，跳蚤也无法跳到一米以上了，因为它认为自己的上限就在那里了。

而我们要做的，就是翻越障碍物，并逐渐提高障碍物的高度。当你翻越过一个足够高的障碍物后，你会发现自己的自信是非常稳固的。心底的声音会告诉你："连那么高的障碍物我都跨过去了，还有什么困难是解决不了的呢？"

我中考那年，是体育成绩第一次被纳入中考成绩。女生800米跑，3分25秒满分，这个数字我现在都记得很清楚。第一次跑800米的时候，我跑了足足4分钟，觉得快要累死了，嗓子里有股铁锈的味道，好半天才缓过来。看着那些遥遥领先的同学，心里真是羡慕。但是分数必须努力争取，于是我就开始天天练。

早上到学校，没什么人，正好去操场跑几圈；中午午休了，好多人啊，也能去操场跑几圈。周末就在公园跑。从800米开始，逐渐加到1000米、2000米、5000米。跑步的时候，看着手里运动软件上不断上升的公里数，就觉得很有成就感。跑着跑着便生无可恋是初跑者的常态，但挺过疲劳期，持续跑好像也没有那么难了。我现在还记得公园旁的绿树，风一吹树影婆娑；记得有一位妈妈带着小孩，总在跑道旁打羽毛球；汗流下来，仿佛洗了脸……

等我终于能一口气跑下来5000米时，我再也不觉得800米是什么问题了。

我的体育中考正赶上生理期，被迫缓考。缓考怕有人作弊，检查比正式考还要严格，因为人员不足，流程也相对混乱。本应是在800米测试前热身，以求发挥最好状态。但那天我们早早就被安排了热身，等了好几个小时才轮到测试，加之天气较冷，跑前整个身子都凉了。

意外总是成群结队。因为状态不好加缓考本就更加紧张，起步时大家都去争抢内道，三个女孩便摔在了一起，摔在了我的脚边。但计时已经开始了，只有一次机会，没有人敢停下。我只能往前跑，摔倒的女孩也只能爬起来继续跑。我还记得体育老师站在栅栏外拼命喊我的名字，为我加油；记得风吹在脸上，呼呼作响；记得跑不动的时候在心里怒吼："连5000米我都能跑下来，800 米又算得了什么？"

努力的小孩，总是幸运的。在各种意外叠加的情况下，我的 800 米成绩是 3 分 24 秒。只比满分线快出 1 秒！再加上坐位体前屈、跳绳的成绩，我的体育中考成绩得到了满分 40 分。回学校的大巴上坐了满满一车女孩，不乏身体素质优秀者，但我是唯一的满分。在中考前夕，先把 40 分收入囊中，无疑是一颗定心丸，对其他学科的复习也是很有帮助的。回去的车程很长，但我却因为快乐而觉得好快。真有几分"春风得意马蹄疾，一日看尽长安花"之感。

年少的姑娘们在面对突发事件时，难免心态不稳，发挥失常。但我已经越过了更高的障碍物，所以那份"莫名其妙"的自信告诉我"我一定能行"，于是我就真的能行。

后面当我遇到很多困难的时候，我都会在心里默默对自己说："我可是能一口气跑 5000 米的小姑娘，还有什么事情是我不能忍耐，不能坚持，不能解决的呢？"

再后来，我越过了更高的障碍物，在千军万马过独木桥的高考中，成功考入了北京大学。再遇到坎坷陷入内耗焦虑的时候，我就会在心里暗骂自己：看你这点出息！当年连北大都考上了，这点小事还搞不定？擦干眼泪开干吧，女王！

一下子越过一个巨高的障碍物很难，但从跑步开始是非常可行的。跑步能够充分锻炼你身体的每一块肌肉，让你对自我的掌控感增强。跑步也能磨炼你的心性，锻炼你的忍耐力，教会你坚持。而且，这是每一个人都能通过努力翻越的障碍。不必追求跑步速度，一直跑，别停下，你可能也没想到，原来自己能跑这么远！

跑得远了，自信就来了！

## 1.3.2 旁若无人的专注

我做了三年多的学习博主，经常收到同学们因为被干扰而苦恼的提问："我每次一学习，就有同学说我好'卷'啊，好努力啊，我就不想学习了，怎么办呢？"我的回答是"微笑点头，并对他说'是呀，我就是很努力'"。

很多同学都很害怕努力了却没有结果，被认为很笨。所以偷偷学习，甚至因此干脆不学习。这是一种逃避行为，不学的时候还可以安慰自己，是因为不学才成绩不好。如果努力学了成绩依旧不好，便会陷入自我怀疑。为了逃避自我怀疑，所以干脆不行动。

但是我想告诉你，努力并不可耻，努力值得大大方方，无须遮遮掩掩，努力本身就是天赋。不是谁都能坐得住板凳，熬得住辛苦；不是谁都能忍得住寂寞，熬得过苦难。也许在应试教育中，理科的学习是需要聪明来考高分的，但在未来就业的广阔天地中，大多数岗位都不需要特别高精尖的知识。越往后走，聪明在天赋中的占比愈加下降，而努力在天赋中的占比愈加提升。不信你问问业务领导或者人力资源伙伴，是想要一个聪明到溢出岗位要求的人，还是想要一个努力踏实勤奋的人？努力是一种可以被训练出来的天赋，我亲爱的王者，你要自己训练自己。

告诉自己，王者前进的步伐是不会被他人的闲言碎语所阻碍的。那些说你"内卷"，嘲笑你努力的人，不是真的希望你变好，而是他们自己无法行动起来去努力，又不愿意看到你行动起来改变人生，所以试图干扰你的心态。如果你因畏惧他人评价而踌躇不前，那真是毁自身前途，换他人笑颜。

当你突然意识到，学习时的自己正在被同学们关注或观察时，刻意改变行为，比如扣上书本，假装没有在学习，是非常正常的心理学现象。但王者应该习惯于被注视，并能拥有旁若无人的专注。

我上高中的时候，老师讲课速度超快。数学课 40 分钟，对应的练习册习题有时甚至达 20 页。想要边听课，边跟上进度刷题，真是太艰难了。但越是艰难，越是要跟上。因为一旦有一节课没有跟上刷题，积压的题目就会像滚雪球般越滚越大，直至把自己砸晕。每天做完很多题，每天又有很多新的题目需要做。有时觉得自己仿佛是被诸神处罚的西绪福斯，每天把巨石推上山顶，巨石又因自身的重量滚下山去，无休无止。

但我可是王者哎！我有"莫名其妙"的自信，觉得自己肯定能做完这些题目，把知识点掌握得牢牢的。于是我在自己擅长科目的课堂上，边听课边在书本下面压着练习册刷题，在课间终于能把练习册大大方方摆出来开刷。我中午从五楼走下去到校外的食堂，排队，打饭，吃饭，再走回五楼的教室，一共只需要十五分钟。剩下的时间，我能刷好多好多题，还能再午睡十五分钟。

我那时候的同桌，是个比较坐不住板凳的男孩。我在刷题的时候，他总在暗中观察我，有时候也会忍不住说："你怎么天天都在刷题呀？你不累吗？"

这时候我才会从题目中抬起头来，分一点注意力给他，对他说："嗯，不累。"

王者闯关的路上，才不会在意路人的目光呢！

### 1.3.3　死磕到底的精神

你会不会在遇到难题的时候，想要退缩？毕竟又快又准地刷一百道题，心里是很爽的；一小时都解不出一道题，那是真难过。其实，前者的效率是很低的，因为那是你本就掌握了的东西。如果非要说有什么用，那也只是告诉你以下信息。

（1）这些东西不用再花时间了。

（2）增强一下自信。

而后者那些令你痛苦的东西，才是真正值得花时间去琢磨的，是你真正获得成长之处。

毕竟上坡路，总是难走的，而且走着走着还会怀疑自己是笨蛋。

正如图1.3"达克效应"所示，随着你的知识与技能水平逐渐提高，你的自信程度也会不断变化。当你所拥有的知识很少时，稍微了解一点，自信就会极度上升，直至"愚昧山峰"，此时，人根本不知道自己不知道。逐步精进后，自信又会急速下降，直至"绝望之谷"，此时，人知道了自己不知道。当你在做难题时，就处于这一阶段，自信逐渐崩溃，但知识技能却在逐步提高，撑住了就好。接下来，人会进入"开悟之坡"，知识与经验逐步提升，自信也随之提升，人知道了自己知道。很多学霸就处于这一阶段，因而越学越自信，越学越有劲儿。而真正的大师，则是无意之中顿悟良多，不知道自己知道，时刻保持谦逊。

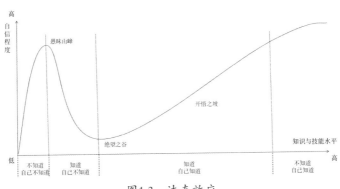

图1.3　达克效应

相信我，王者有时候也会怀疑自己是笨蛋，但王者依旧会死磕到底，决不轻言放弃。

我在初中刚接触物理的时候，就时常觉得自己是个笨蛋。那时竞赛班的同学们都在课外班提前学了课内的知识，而我却并没有。我印象很深刻，当时物理老师只花了十五分钟就讲完了电路的知识，然后发了一张物理试卷让我们自己做题。当卷子发到我手里的时候，老师已经开始批之前的卷子了，而我还没吸收刚刚那十五分钟所讲的内容。

那张卷子正反面，密密麻麻都是字。光选择题就有二十几道，大题更是不少。那节课剩下的半个小时，我一直在做题，但只做了四道选择题。我知道用排除法等考试技巧可以帮助我更快地做完这张试卷，但我并没有。我把选择题当作大题去做，演算了每一个选项，确保这道题无论是从 ABCD 的哪个角度改编，我都能做对。

这是一种把题做透的好方法。如果是熟练的同学，即使使用这种方法，也是可以把试卷做完的，而我太不熟练了，我当天才知道这些概念，才见到这类题目，所以我只能做四道。我当时的同桌早就对这些内容烂熟于心，当我还在做第二道题时，他就已经翻页了。当下课铃响起时，他探头看了我一眼，然后不可置信地说："你就只做了四道题？"他轻蔑的笑容刻在了我的脑子里。

当时我的王者心态还不够稳固，所以我真的被伤害到了。而今天的我，再回首这段往事，真的很想对当年的那个我说：别难过，死磕到底的女王殿下，真的很酷啊！

从 300 分提升到 500 分不太难，因为高考是基础题：中等题：难题=7:2:1。打好基础，锻炼考试技巧即可。而从 600 分到 650 分，从 650 分到 670 分，从 670 分到 690 分，直至 700+，则是逐步变成地狱难度。数学的圆锥曲线、物理的电场磁场、化学的有机无机，这些压轴题都需要做深入、做透彻。想成为真正的学霸，就得有与难题死磕到底的精神。绕着躲着，是行不通的。

带着"莫名其妙"的自信、旁若无人的专注和死磕到底的精神，你就是自己世界里绝对的王者。不要觉得这是空谈，心理学上的"角色效应"，说的是当人处于某种特定角色的时候，通常会因为这种角色而产生对应的心理和行为变化。当你真的以王者的角色去学习，去工作，去生活，你会发现：做自己的王者，真的能主宰自己的命运！

## 1.4　高效休息法

能量守恒定律告诉我们：能量既不会凭空产生，也不会凭空消失，它只会从一个物体转移到另一个物体，或者从一种形式转化为另一种形式，而在转化或转移的过程中，能量总量保持不变。因而永动机不存在。同理，每天都在拼命学习，从不休息的人也不存在，即使是北大清华的学霸也一样。我从未见过不休息的人。如果说学习是输出能量，那么休息则是输入能量，而"高效休息"则是高效充电。

### 1.4.1　被抓住人性弱点，不是休息

我最开始提出"高效休息"这个概念时，有网友反驳我说："都休息了，还要高效？这可是休息啊，天天追求效率累不累啊？"其实高效与休息，并不冲突。高效休息并不意味着不充分的休息、不快乐的休息，而是让身心真正得到休息，不被碎片化信息冲昏头脑。

我曾经到知名互联网企业实习，看到一些聪明的人，在费尽心思研究用户心智。用各种模型和算法提供千人千面的推荐内容，绞尽脑汁提升用

户使用时长。占据越多人越多的时间，他们的业绩就越好。不仅是时间，还有金钱。从内容到种草再到决策购买，几乎每个社交平台都在努力打通这个消费链路，让你留下时间精力，留下兜里的钱。

根据中国互联网络信息中心（CNNIC）发布的第 51 次《中国互联网络发展状况统计报告》显示，截至 2022 年 12 月，我国短视频用户规模首次突破十亿，用户使用率高达 94.8%。2022 年 6 月，抖音短视频播放量同比增长 44%，用户通过内容消费产生商品消费，短视频带来的商品交易总额同比增长 161%。2022 年第三季度，快手电商商品交易总额达 2225 亿元，同比增长 26.6%。

当你从早到晚沉迷于手机游戏、短视频、碎片化信息时，你真的收获了内心的平静与幸福吗？这真的是你想要的休息吗？

我经常收到这一类粉丝私信："未央姐姐，我也不想玩手机啊，可是我就是控制不住自己。我早上拿起手机，不知不觉一两个小时就过去了，然后我就觉得这一天不完美了，更不想学了。我学累了，想拿起手机休息十五分钟，可是一不小心就一个小时了。好不容易学了一整天，晚上想着玩会儿手机放松一下，一下子就熬到深夜，第二天全忘了。我好有负罪感，我该怎么改变？"

君子不立于危墙之下。拒绝诱惑最好的方式是远离诱惑。

从前的世界很小，诱惑很少，少年骑着单车上下学，与朋友们聊聊天，看看远树花开，听听清风鸟鸣，便可以坐在书桌前学习了。现在互联网把世界变得太小，那些精致打造的产物诱惑太强，他人幸福快乐、无忧无虑的生活好像一下子离我们太近，搅扰得我们无法安心奋斗。那就以其人之道，还治其人之身！

你可以驯化你所有的软件！推荐是按照猜测你的喜好来的，如果你在所有的社交软件都搜索学习资料、备考方法、心态调整、经验分享，并持续点击这些内容观看，你的首页很快就会全被刷成教育内容。这样就能大大减少你的手机使用时长，让你在休息时间能够真正去休息，真的放松身心。

如果大数据试图抓取你的弱点，那么你可以抓回去！新的科技没有好坏之分，是使用方式让它分异。

### 1.4.2　读书，足不出户的身心之旅

高一的时候，有一段时间我的语文遇到了瓶颈。稳定在 110 分以上容易，想稳定在 120 分以上，甚至冲击 130+，实在是好难。再局限于课内的讲授、大题的套路、范文的模仿，已经难以突破了。我去问我的语文老师，我还能做些什么？普通的理科生拼数理化，因为会与不会的差距明显，分差很大；顶尖的理科生则是拼语文、英语，因为理科大家都会，拉不开差距，文科的十分之差就显得尤为关键。那时候我有清华梦，自然是要多花些心思在语文上的。

我的语文老师对我说："趁着假期，你要多读书。读书会逐渐影响你的思维方式、遣词造句模式，对答大题、写作文，都是很有帮助的。"

于是从高一的假期开始，我每个假期都读至少十本书。一开始我还把读书当作学习任务来做，后面沉浸进去就觉得，这简直就是最美妙的休息！每学期的期末考试结束之后，忙碌了一学期，那是真的不想刷题，就想换换脑子。于是我拿出一整周的时间，一点儿作业都不做，只看书。

早上起床，先去洗漱，清醒一下，然后边吃早餐边翻书。上午就安安静静坐在书桌前，边看边在书上勾画，有时还会在书边的空白处写下当时的心得感悟，遇到心醉的句子，就情不自禁抄写在本子上。中午吃饱了午睡一会儿。下午靠在摇椅上，边晒太阳边读书，太阳烤得人暖融融的，心

境也是平和幸福的。晚上读书入眠，不玩手机。有时读着读着就睡着了，枕着书本，一夜好梦。

如此日程，循环一周。我在学期内的疲惫被治愈了，我被考试压力催生的浮躁也被淡化了。我读完了十余本书，留下了一本读书笔记，畅游古今，遍访先贤，受益无穷。

具体读什么书呢？读有兴趣且能带来成长的书。没有兴趣，再好的书也读不下去，与某本特定的书没有缘分是正常的，不必强求；没有成长，读完也是无用的，书名、目录、他人的书评，都可作为判断价值的参考。实在不知道读什么，就读人物传记。正如梁启超所言："读名人传记，最能激发人志气。"

高中的时候，我的文言文总是被扣分，于是我去读了《古文观止》和《世说新语》。在满是白话文的试卷中读一段文言文很难，但读下来一整本文言文后，就觉得司空见惯了。从前我并不十分理解，为何现代人要学习文言文，还纳入中考、高考之中。后来我读得多了，才体会到其间的言简意赅、寓意深远。我还读外国经典小说，读历史，读地理，读神话。高中生的假期和学期内一样紧锣密鼓，我无法跳脱出去，去各地旅游，见识祖国的大好河山，遍览人文景观和自然景观，但拿出一整周的时间去读书，确为一场身心之旅，我沉醉其中，邀你共同尝试。

我高中时期的阅读习惯也延伸到了大学。如果说高中是千军万马共同去挤那已经被无数人验证过的独木桥，那么大学则是一片荒野要你独自规划路径，在可供自由支配的时间里，无数年轻人迷茫内耗。

在上大学前，我在别人规划好的路径上通过心态＋方法＋坚持，取得了比较好的结果。我的内核一直是自洽的。但上大学后，我除了学习外，还选择了做博主。在网络的世界里，我经受了无数在过去近二十年里从未经历过的负面评价。一千个观众眼中有一千个哈姆雷特，在发布内容后，从容貌身材到人格品德，我在自己完全想不到的角度被批判否定。我起初很痛苦不解，看到了现象，却不明白本质，找不到解法，所以我去读书。

我利用碎片化时间读了《被讨厌的勇气》《蛤蟆先生去看心理医生》。它们都并不长，但却在我那段灰暗的日子里照亮了我的世界。让我摇摇欲坠的内心世界得以重建，变得稳固、自洽、包容、开放。

综上所述，往小了说，当你的语文成绩遇到瓶颈时，去读书吧！往大了说，当你的人生陷入迷茫时，去读书吧！

### 1.4.3 亲近自然，寻找忘忧草

被忙碌的日程压迫得完全失去个人生活和时间，觉得苦闷烦躁，人生没有意义，这种心理状态在高中阶段和生理期一样，经常周期性发生。在压力最大的时候，我看着练习册都能流一脸泪水，滴到纸张上，留下凹凸不平的痕迹。

努力很久却没有成效，看到考试成绩会崩溃痛哭，这是偶尔。更多时候的崩溃，是一件件小事的累积，直至到达一个临界点，整个人再也绷不住。某个瞬间，突然被老师指责，突然找不到学习资料，突然没有吃到心心念念了很久的东西，都不是很大的事情，但就是让人崩溃了。漫长的中学学习，目标极其单一，身处其中，我们很自然就把考试看成了生命中最重要的目标，所以很多在后来几年看起来很小的事情，在当时都是很大很大的，几乎要把人压垮。那时候的我，好想要"忘忧草"。

爸爸带我找到了我的"忘忧草"。

从家出发，到净月潭国家森林公园，驱车要一个多小时。在我很焦虑的时候，爸爸就开车带我去看大自然。净月潭作为亚洲最大的人工林场，

拥有丰富的植物资源，宛如一座活的植物标本库。漫步林中，仿佛置身于天然氧吧，大口呼吸之间，有些内心的污浊之气便散了。亦可坐索道往更高处去，森林落于脚下，郁郁葱葱，令人心旷神怡。

当你看着满眼绿意，看着大自然的鬼斧神工，在宏大的参照物面前，你的悲伤、烦恼都被衬托得很小了。登高而忘忧，古人诚不欺我。将一切烦恼抛掷于天地之间，短暂远离学习、考试的压力，换个脑子再回来，当初那个仿佛大得要压死自己的烦恼，也就有了解决方案。

在一片一片的三叶草中，我最喜欢寻找四叶草的游戏，我戏称那是我的"忘忧草"。叶片压着叶片，有时以为找到了四叶草，扒开来却发现只是两片三叶草叠在了一起。真觉得可爱又有趣。蹲着一点一点找，不知不觉就走出了很远。找到了就轻轻采摘，夹在书本里，总觉得有一种美好的寓意。找不到也没关系，何必拘泥于四叶草，这一片一片的绿意，不都是我的"忘忧草"吗？

净月潭太远，不能每周都去，所以只在烦恼很大，泪水很多的时候去就好了。更多时候，我喜欢去楼下的公园转转。那是个不大的公园，中心是人工湖，四周是树，树外有人行环道，环道外还是树。烦了，我就在树与树之间的环道一圈一圈地走，一圈走不散的烦恼，就走两圈。走到腿酸了，人也就快乐了。

想要休息的时候，不要闷在家里了！走出去吧！被阳光晒一晒，被清风吹一吹，让身体舒展开来，烦恼就会自己从身体里跑走了。

### 1.4.4　运动，自信健康的源泉

初中的时候，为了准备体育中考，大家的课余时间都在跳绳、跑步、拉伸。夏天好热，烤得塑胶跑道也泛出阳光的味道。白色的校服，满操场

也找不到一件干爽的。但那会儿大家好快乐！因为运动是只要练习就会有提升的任务，一分钟内跳绳的个数越来越多，八百米跑所需的时间越来越短，人就会感受到自己对身体的每一块肌肉都充满了掌控感，整个人都会更加自信。

尽管一开始，大家提到体育中考都是怨声载道，觉得增添了压力，但只要有小伙伴们招呼着一起去操场练习，大家都是乐意从题海里抽身的。那种运动后的通身舒畅，是骗不了人的。运动会产生多巴胺，这种神经递质会使人体兴奋、精力充沛和感到快乐。

高中的时候，我们班主任老师要求大家每天早上晨跑。男生一队，女生一队，绕着小小的操场一圈又一圈地跑，跑上十五分钟左右。有些同学会刻意逃避晨跑，但我们班的前几名，从来不会逃。隔壁班经常考年级第一的男生，甚至自发跟着我们一起晨跑。这么多成绩优异的同学们的共同选择，一定是有其合理性的。

刚开始晨跑，跑完会觉得很困，但坚持一段时间后，跑完反而特别精神。此时再去晨读、上课，周身都充满了暖洋洋的能量。持续了高中三年的晨跑，让我在那段久坐缺少运动的日子里，也有了为身体充电的机会。

到了大学，北大是必须修满 4 门体育课才可以毕业的。而每个有体育课的学期，都要打卡课外运动。在五四操场，用统一的运动软件，在规定的速度区间内跑步，然后上传数据，才能有效计入。我是在 2019 年入学的，那时候一学期要求跑 63 公里。后来没多久，就增加到 85 公里。晚课是八点半或九点半下课，所以下课后就去夜跑。

规定的速度，跨度从快走到慢跑再到快跑。一个人的时候，我喜欢慢跑，一口气跑上 5 公里。一圈又一圈，越跑越舒畅。碰上每周一次的夜跑活动，还能听听音乐领取小礼物，在人群中和大家一起奔跑，真是青春啊！和小姐妹一起的时候，我们就边聊天边快走，此时就要紧盯手中的运动软件了，万一配速低了，还得一起快跑几步，免得速度不够不被计入成绩。说说笑笑，走走跑跑，真是开心啊！在大学的作业、论文、小组讨论、课堂展示、期中期末考试之外，在绩点、实习、科研、学工四座大山之间，跑步是难得的放松。

我曾经多次在自媒体上和大家分享跑步带给我的能量：让我自信，让我快乐，让我健康，让我更有勇气去面对生活。有很多粉丝朋友对我说："可是跑步好无聊啊，我真的不喜欢跑步怎么办？"运动绝不只是跑步！找到自己喜欢的运动，才能高效休息。生活已经够辛苦了，休闲时分无须勉强自己。

我有学姐喜欢打羽毛球，于是她每个周末都约舍友一起打，还会拍美美的照片发在朋友圈，笑容阳光明媚；还有学长喜欢骑自行车，于是他加入了社团，经常参加活动，一群人一走就是一排自行车，好酷好威风。足球、篮球、游泳、跳操、跳舞、轮滑、健身房……运动的形式多种多样！喜欢什么，就去做什么！

身体动起来了，灵魂也就活过来了！

### 1.4.5　下饭视频，不只有综艺

在任务真的很紧张的时候，我一天中最期待的就是吃饭的时候。而且吃饭，总要配一个下饭视频。起初我选择看综艺，因为它不像电视剧一样容易被剧情勾住，一看就停不下来，所以相对容易按暂停。后来我发现，十几分钟、二十几分钟的吃饭时间，其实还有很多可以看的优质内容！

1. 看辩论赛

责任大小应不应该和能力挂钩？被误解是不是表达者的宿命？"内卷"

是个真问题还是假问题？诸如此类的优质辩论不胜枚举。看辩手如何在有限的几分钟内条理清晰、逻辑严密地组织思路，并跟随深入思考，是一种成长性的快乐。我从中学就开始看辩论赛，终于在2021年底遇到了一次机会。

当时《奇葩说第8季》的执行导演通过我的自媒体平台找到了我，邀请我参加节目的海选。坦白讲，我那段时间很忙，正值北大的期中季。交论文、准备考试，一刻也不敢停歇。学年体测也在那个时候，操场狂奔，肾上腺素飙升，做完仰卧起坐后我的肚皮疼了好几天。作为自媒体人，"双十一"也是正忙碌的时候，和品牌方对接沟通，一遍又一遍。但我还是欣然应允导演的邀请！冥冥之中，我觉得多年看辩论赛的兴趣就是在为这一刻打基础。

2021年10月28日，我参加了人生的第一场辩论赛。从观看者变成了演讲者，我既兴奋又紧张。辩题是提前三天选好的，我改了三次，练了一次又一次，终于等到上场的那一天。第一轮，同场有十几位选手。有我早就关注的超有气质的小红书美妆博主、有幽默的东北老铁抖音百万粉丝博主，还有已经参加过很多综艺的美女前辈。我虽然是年纪最小的选手，却并没有怯场，就专注自身，把准备好的内容发挥出来。经过自我介绍、立论、开杠、结辩，我作为当场的四位幸运儿之一，成功进入下一轮。

第二轮，选手们更加优秀。有美丽的女主持人、可爱的脱口秀演员、资深职场"大女主"、十年美妆博主，还有资深创业咨询师。但我向来是遇强则强，从不会被他人负面影响到。决定好了就努力去做，不必想太多。对手再优秀又怎么样？能决定结果的只有自己。最终，我作为复赛十几位选手中唯一的晋级者，顺利通过了所有线上环节，可以去线下和导演组、老选手们见面了！

天有不测风云。有时候会突然给你一个机会，厚积薄发才有可能把握住它，但机会也未必会按预期发展。2021 年 11 月 23 日，当我下课后从教学楼走出来时，收到了导演的消息。

"未央，你好！这里是《奇葩说》导演组！由于公司未来战略方向的调整，我们会先进行喜剧 2.0 的筹备，《奇葩说第 8 季》的计划要先搁置了，所以原本定在 12 月中旬的导演见面会和 3 月的正式录制都需要暂缓。非常艰难地作出这个决定，希望得到你的理解。这并不是告别，只是咱们迟点相见。别担心，你的信息和面试资料我们都会保存好。《奇葩说第 8 季》一旦启动，我们会第一时间联系你直接来参加导演见面会或录制。我们保持联系，晚点见。"

这一晃，一年多就过去了，导演见面会和正式录制仍杳无音信。事情也许不会如预期般顺利，但只要努力过，就会为人生留下印记。想起打辩论赛的经历，那种自信的状态、严谨的逻辑、恰到好处的幽默便会涌上心头，给予我前行的动力。边吃饭边看辩论赛的习惯我也一直保持着，期待下一个机会的到来！

下饭视频当然不只是辩论赛，总看一个题材也会累，人类文明源远流长，文化艺术创造从未停歇，优质选择可太多了。

2. 看美剧

初中的时候，隔壁班有个一米八的长腿美女，叫欣姐。欣姐自幼生长在一个优越的家庭环境中，她的父母始终以送她出国深造为目标来培养她。经过多年的努力和准备，她终于如愿以偿地被一所美国顶尖的本科院校录取。她那时候就很爱看美剧，课间经常和小姐妹一起聊剧中人物的故事。后来我发现，很多英语发音很标准，英语成绩很不错的孩子，都是从小看美剧。不仅是看，而且还反复看。

第一是看什么美剧？在吃饭的时候，看每集时间比较短的情景喜剧最好了，二十分钟，饭也吃了，人也快乐了，一举两得。最好是每一集都是一个相对完整的小故事，不要有悬念，不要引导人去看下一集，比如超级经典的《老友记》。如果你之前没看过美剧，可以从这一部开始。

第二是怎么看美剧？第一遍看带字幕版，看剧情，理解人物，听英语磨耳朵。第二遍看无字幕版，根据人物的动作表情和对剧情的印象，去猜测语句的意思。根据上下文产生的语境去猜测词义、句义，不仅记得更快，记了还会应用。高效放松，不仅开心还能学到知识，何乐而不为呢？

在繁忙的日常学习中，这种能帮助你放松身心，又不耽误太长时间的娱乐方式，除了看辩论赛、美剧外，还有很多。

3. 看纪录片

历史、地理、环境保护、文字书籍、先贤大师、国之重器、女性主义、普通人的平常事，这些主题都曾打动过我。在 B 站、优酷、腾讯、爱奇艺里，有太多的视频值得一看了。人生如一场逆旅，你我不过沧海一粟。在寥寥几十年的生命中，没见过过去，没见到未来，没经历过他人的生活，没尝试过另一种选择，每每回想，难免觉得自己浅薄。生命的长度是一定的，那么便努力增加生命的厚度吧。在纪录片中去看过去发生了哪些事，存在过哪些人，遗留下哪些文明成果；去看现在最聪明的头脑们，是如何想象未来，创造未来；去看生活在不同国家、拥有不同宗教文化、处于不同职业身份的人们，是怎样生活的；去看你没经历过的一切！

人生的无限可能都存在于不确定性中，但我们最终只能过上一种确定的生活。这并不妨碍我们去观看，去见证，去畅想。

读到这里，你还觉得"高效"与"休息"不能兼容吗？没有人不休息，只是学霸能够更加聪明地休息。真正放松身心，不留遗憾悔恨，同时自我提升。

第2章

# 跟数学王者
# 学理科思维

从一道题到一张试卷，从机械化到沉浸式，从量变到质变，我们总要一一经历，才能从一个平台到另一个更优秀的平台。

## 2.1　智商不是唯一的必要条件——"数学王者"郎哥

提到数学，那是多少人求学时期永恒的痛苦，但对有些人来说，那却是一生的梦想与追求。有人高考数学及格都困难，有人却高中竞赛名列前茅，稍加变通便能高考数学接近满分，除了天赋，方法上可有一些可借鉴之处？"取法其上，得乎其中；取法其中，得乎其下。"从数学竞赛出身的郎哥身上，我们会得到关于数学的启发。

### 2.1.1　为了"省钱"而开始一路逆袭

在初中的竞赛班里，聪明且优秀的小孩太多了，但我们班只有一个人被同学们戏称为神，那就是"郎哥"。他既能与男孩子们一起打球玩笑，也能坐在座位上沉静思考，可谓是"静若处子，动若脱兔"。和他同学的六年里，他从一米六几一路长到了一米八几，但不变的是他的神态，身穿白色校服，坐在窗边，凝眉思考许久，然后在草稿纸上写下完整的解题过程，行云流水，一气呵成。严密的逻辑，娟秀的字迹，使得他的作业常在同学之间传阅。鄙人不才，也曾抄过郎哥的作业。

郎哥的语文能考年级前几名，英语词汇量也非常大，但他的数学更是尤为突出。他是连续两年全国中学生数学奥林匹克竞赛吉林省省队的第一名，高考数学 149 分，北京大学特别给予他降至一本线录取的资格，本科在北大修读数学和经济双学位。他不仅在本科阶段取得了优异的成绩，还成功保研留在北大，继续攻读金融数学方向。

我为了写成此书，专门去采访了他："郎哥，从我认识你开始，你就已经很强了，而且与数学一直'恩恩爱爱'，那你是从小就这么强吗？和数学的缘分是如何开始的呢？"

然后，我听到了一个有趣的故事。

在郎哥还不是郎哥，而是小学生的时候，他在奥数班并不突出。奥数班的上课模式是这样的：前五十分钟大家安静做题，课间十分钟老师集中批卷子，并且会在卷子上留下分数和排名，后五十分钟由老师来讲解试卷。郎爸爸那时候最喜欢干的事儿就是预测小郎的考试名次，简直就像预测股票一样有趣，还能总结规律。班里有二十个学生，小郎的成绩会经历8—7—6—5—4—3的逐步上升，然后再回落到第八名，如此循环。还不错，但并不拔尖。郎爸爸和郎妈妈对小郎并没有过高的要求和期待，所以日子就这样平平淡淡、快快乐乐地过着。

直到四年级时，一场玩闹彻底激发了小郎的上进心。

大课间，操场上的人很多。那时候的小郎是个瘦、中等个头的斯文小男孩，和另一个身形相似的小男孩 A 一起玩闹，俩人你推我一下，我推你一下，互相推着玩儿。小郎一下子没站住，为了保持身体平衡，双臂打开的同时不小心把 A 同学的眼镜打掉了。打掉了没关系，捡起来就是了，可偏偏跑出来一个男同学 B，在奔跑的过程中一不注意就把眼镜踩碎了。眼镜碎了，小郎同学的心也"碎"了。

对小学生来说，被找家长可是"天大的事"。"涉事"的三个小男孩都被找了家长。经班主任老师从中协调，决定小郎和 B 同学一人赔一半，每人赔偿 500 元。

对那时候的小郎来说，500 块钱是好多钱啊，一节奥数课才 30 块，500块钱能上十多次课了。真是又委屈又心疼！小郎下定决心，一定要帮爸爸妈妈把钱赚回来。

奥数班有个奖励机制，在全年级的两百多名小学生中，举行预赛选出 6 名优胜者。6 个人再进行复赛，前三名可以免一年学费，四五六名可以免费八次课。八次课远远不足 500 块，小郎决心在四年级升五年级的奥数考试中，一定要考前三名，一定要省一年的学费！

于是小郎开始以前所未有的态度认真学习。一道题令他印象深刻：A、B 两个人从甲、乙两地以匀速向对面出发，走到头再往回走，第一次相遇时距甲地 $x$ 公里，第二次相遇时，两人都走到对岸已回头，距乙地 $y$ 公里，求两地之间的距离为多少公里？

奥数班的老师讲题总是又快又准，重点在于如何把题目快速解出来。所以原来的小郎只会背公式，他知道这道题的答案是"$3x-y$"，却并没有掌握公式背后的基本原理，根本不知道公式是怎么来的，所以一遇到变式题，他就傻眼了。但小郎意识到，这样是不行的。要增强对公式的深入理解，注重举一反三。题目是做不完的，做一道就延伸出无数道，把没遇到过的问题转化为解决过的问题，才是数学之道。

从此以后，小郎以求甚解的态度面对每一道数学题，不理解就觉得不踏实，不想清楚就不做其他事甚至不睡觉，绝不让一道题从眼皮子底下浑水摸鱼。

参悟数学之道后，他如愿考了奥数考试的第一名，省下了一年的学费。

坚持做难而正确的事情，于是正确就会不断发生。考取第一名后，奥数学校邀请小郎代表学校去打暑期的比赛，并承诺无论是否拿到金牌，机票全部报销，初中后的奥数课费用也全免。这个机会听起来百利而无一害，但小郎妈妈思忖片刻后并没有答应，因为她不想强迫孩子做任何事，也不想给孩子过大的压力。

回家与小郎一商量，能去外地玩还不花爸妈钱，小郎欣然应允。于是他出战了，五年级拿了银牌，六年级拿了金牌！并因其优秀的奥数成绩，被当地最好的初中免学费录取！

最开始只是想为爸爸妈妈省下赔偿眼镜的 500 块，后来一步步省了奥数课学费、机票酒店，甚至省了初中的学费！可谓是为了省钱一路逆袭，一路逆袭终于越省越多。

### 2.1.2　从"小郎同学"到"郎哥"

上初中后的小郎还有些没心没肺，第一次期中考试就考得不太理想，在班里勉强算是中上，让本对他寄予厚望的数学老师十分不解。鄙人不才，是那次考试的班级第一名。但小郎同学是擅长逆袭的人。人生学习成长之路注定不会一帆风顺，他心态好，方法对，总能在一路挫折中一路披荆斩棘。

他上心努力了，期末考试就考了第一名。而我则因为骄傲自满而马失前蹄。那时候班主任老师会给考前几名的同学发奖状，喊一个名字，一个人就上去领。我现在还记得小郎上去领奖状时的样子，表面看起来云淡风轻，毫不在意，实际上嘴角的笑意已经暴露了他内心的快乐与兴奋。少年人的意气风发，总是可爱的。

小郎不仅在课内的成绩很优秀，还继续延伸奥数之路，开始学习初中数学竞赛，但这一条路也并不好走。

学霸们的学习之路总是超前的，我以为要学完初中三年的知识之后才能参加初中数学联赛。可对大佬们来说，初二才是"当打之年"。此时大佬们已在课外基本学完了初中三年的数学内容，也接受了一段时间的竞赛培训，正是出成绩的好时候！这是竞赛之路的第一个里程碑，可小郎考砸了，他只拿了二等奖。

东北的夜晚总是来得格外早一些，当小郎妈妈接到小郎的时候，夜已经很深了。妈妈在开车，小郎坐在后排。沉默着，沉默着，他看不见妈妈的脸，却能感受到凝固的空气和妈妈的失落。许久，妈妈终于开口说："儿子，要不就别学了。两手抓太辛苦了。"

可小郎不认输，小郎在一次次不认输中，一步步成为同学们心中的"郎哥"。郎哥偏要中考、竞赛两手抓，两手都要硬。

后来，东北师大附中在两个竞赛班中进行选拔，挑选优秀的竞赛学生代表学校前往韩国参加世界比赛。那场选拔我也参加了，对于只懂中考，几乎不懂竞赛的我来说，落选是理所当然。而郎哥，考了108人中的第一名。这无疑大大增强了郎哥的自信，也进一步奠定了郎哥在同学们心中的地位。

可意外有时候就是会在不经意间发生，不然也不叫意外了。本以为可以去韩国打比赛顺便出国游玩，可学校却突然通知不去了。郎哥有些失落，但他清楚，那次考试对他而言最大的价值就是告诉他，即使是在高手如云的竞赛班，他的竞赛实力也是名列前茅的。这是优势，得想办法发挥出来。初中竞赛不过如此，绝不能拘泥于一场比赛，拘泥于这些初中知识，要往上走，须得研究高中竞赛。高中竞赛拿到成绩，是可以保送北大清华等国内顶尖名校的。

于是郎哥和他的六七个小伙伴，开始每周固定两三天在放学后前往高中部旁听竞赛课，正式开启了高中竞赛之路。初中部下午五点二十五放学，而高中部下午六点就上课了。短短三十五分钟的时间，还赶上了晚高峰，只能在车上吃饭，沿着自由大路匆匆赶往课堂。

小伙伴们的家长一起排班，有人负责带饭，有人负责开车，轮换陪伴孩子们。郎哥坐在车里，看着拥堵的街道，吃着温热的饭菜，心里惦记着一会儿要上课的内容，竟不觉得苦，反而觉得很有趣。

课内学习遇到挫折，小郎就考第一名赢回来；初二竞赛拿了二等奖，小郎就再考第一名证明自己。挫折很多，可是第一名的郎哥永远不会被打倒。

### 2.1.3　竞赛还是高考？这是单选题

优秀给予人选择的权利，可有时候，选择真的很艰难。

上了高中的郎哥，在第一次全年级大型考试中就考了第五名。全年级有一千五百多人，而东北师大附中每年能考北大清华的总人数在六七十左右。那场考试我是第十三名，我都非常坚定要走高考之路，相信自己有机会通过高考考入北大清华，更何况是郎哥！

与此同时，高一入学的九月份，全国中学生数学奥林匹克联赛省内决赛的成绩也出来了。东北师大附中高一的学生中只有三人拿了一等奖，其中就包括郎哥。联赛成绩是包括一试和二试的，郎哥的一试成绩很高，说明他的基础非常扎实，但二试却是三人之中最低的。而各大高校自主招生的题目与二试更加相似。在这里，他并不占优势。

摆在郎哥面前有两条路，一条是参加高考，他是一千五百多人中的第五名，按部就班学下去，考入知名高校问题不大；另一条是参加数学竞赛，学校只允许高一能拿一等奖的学生脱产（即不参加学校正常的课程学习或只参加语文英语课，几乎全部时间在竞赛教室学竞赛），他是三名一等奖之一，成功了，就能进入顶尖学府学数学专业，未来前景广阔。但这条道路风险很大，一旦没有通过竞赛迈入知名学府的大门，想再回来学高考就已经太晚了。一条规规矩矩的路，一条高风险、高回报的路，郎哥该如何选择？

他非常纠结，想了很久很久，列出了两条路各自的优势和劣势，各自的风险与回报，与老师沟通，与家长商量，最终决定：学数学！郎哥是心气很高的人，不服别人说他竞赛不够好。他觉得数学是优美的，是困难的，是与他的头脑相匹配的，他要脱产学数学！

那时候东北师大附中的竞赛配套设施还不够完善。在教学楼的五楼，只有一个竞赛老师陪着，郎哥和几个小伙伴就开始了孤独的数学竞赛之旅。课间的欢声笑语是属于楼下的同学们的，如果他们想要感受校园的烟火气，便只能下去和同学们玩，因为上面是属于学习的。

吉林省是竞赛弱省，想要在全国拿到好成绩，就要走和身边的人都不一样的路。于是郎哥踏上了外地求学之路，起初还有爸爸妈妈陪着去，后来只有郎哥一个人了。从长春到北京、上海、武汉、宁波、大连，这是一条孤独而又艰难的路，是郎哥自己选的路。

### 2.1.4　让你痛苦的，会让你更强大

竞赛教室的日常是这样的：高一重在打基础，按代数、几何、数论、组合四个板块刷书。没错，不是刷题，而是刷书。刷书是指把书中的题全部刷完，是刷题的集合。数学是需要实战的，看一百遍别人的解法，不如自己完整解一遍题目。刷题，乃至刷书，是学数学必要的。

郎哥把一天的时间分成两块，上午刷一个板块，下午刷一个板块，这样两天就能过一遍四个板块。他的几何薄弱，所以就额外多做几何题。做擅长的题目是愉快的，令人自信，通体舒畅。而做不擅长的题目是痛苦的，尤其是竞赛题。郎哥往往苦思冥想几个小时，都没有解题思路，但他还是在坚持。几何虐他千百遍，但他从来没有服过输。啃硬骨头是真的崩牙，但也是真的有挑战，啃下来是真的有成就感。

如果说高一的联赛是高中竞赛入场券，那么高二则是决胜负的时候。当年九月的联赛，郎哥拿到了吉林省省队第一名。随后十月，又参加了清

华的数学营。数学营是强省的省队、省一等奖，甚至省二等奖都能参加，而弱省则是省一等奖，甚至省队成员才有资格参加。这次的数学营，是有机会拿到清华大学降分录取优惠资格的。这是一次重要的机会，如果能在高二的十月份就拿到清华大学的自主招生降分，无疑是一剂强心针。

在偌大的清华校园里，六道题、三个小时、一场面试，决定了多少高中生的命运。这种题目少且难的考试，本就有较大的不确定性，结果是几家欢喜几家愁。

郎哥失利了。而昔日成绩不如他的两位同学，都获得了清华的降分录取资格，过上了相对悠闲的生活。家长和老师是失望的，郎哥变得更加孤独了，于是他忍耐、坚持。努力把事情往好的方面想。清华失利，也许是为了触底反弹。失之东隅，没准收之桑榆。北京大学数学系是中国最好的数学系，是北京大学的一号院系，拥有最好的数学生源，全国各地的数学精英和几乎所有取得国际数学奥林匹克竞赛金牌的中国学生都在这里学习成长。那是郎哥最初的梦想，也是他奋斗的源动力。

郎哥也许会失败，但他从来不服输。生活可以向他出击，但他永远不会被打倒。他乐观，忍耐，坚持，日复一日。

### 2.1.5　命中注定的几何题

11 月份的全国中学生数学冬令营在杭州举行，还是两天六道题，这几乎是郎哥证明自己的最后一次机会。去之前郎哥就已经定好了目标：两天的第一题都要做对，第二题努努力，第三题基本放弃节约时间。这就是残酷的竞赛，无法完整解出才是常态。目标清晰，过程艰苦，才有可能得到预期的结果。

第一天，第一题很简单，大家基本能顺利解出。第二题、第三题都并不容易，因而区分度整体不大，关键还要看第二天的发挥，那才是真正的决战时刻。

第二天，看到题目的时候，郎哥只觉得脑子嗡的一下炸开了。第一道题就是自己最不擅长的几何题，起步即高山作为障碍，不可谓不艰难。但他迅速稳定心态，沉着迎战。先是认真画图，画得尽可能准确细节，然后探索中间结论，但也没探索出来。对应试而言，最痛苦的不是把草纸写满，累得手酸，而是盯着题目好几十分钟，却依旧无处落笔。

在韦神还没有火遍全网时，数学圈内人便听过他的传说，那可是神中之神，王者中的王者。听闻韦神做题非常稳准狠，在集训队的选拔中，24 题做对 23 道半，更有人传说全部做对了。但出题组觉得，被考生解出全部的题目简直是对出题组的侮辱，于是就扣掉了他半道题的分数。在韦神面前，郎哥也算是小神见大神了，免不了要多多学习其方法。韦神开创了很多解题方法，其中一个特点是他做的每道几何题几乎都是靠纯代数方法计算得出。

考场上的郎哥突然想到了韦神的方法，想到自己也曾经用代数的方法解出过不少几何题，便这样做了。万事开头难，有了思路，接下来的事情就顺理成章了。郎哥写满了整整 4 页的草稿纸，将题目要求的证明转化为复杂恒等式的证明，再把复杂恒等式一步步简化，最终顺利解出。他花了两个多小时的时间。依靠这道几何题获得了中国数学奥林匹克银牌，顺利签约北京大学数学系。

曾经最折磨他的几何题，也在一次次的磨炼中成为他有力的武器，在最关键的战斗中，帮助他一击制胜，顺利闯关。郎哥戏称，当时只觉得，那就是命中注定的几何题啊！

如果遇到难题便躲过，这题不知道什么时候就会成为你永远的遗憾；如果遇到难题就迎难而上，这题不知道什么时候就会成为你最好的机会。

### 2.1.6  数学竞赛，然后呢？

在数学竞赛的赛道闯关成功后，郎哥用三个月的时间来高考赛道游戏人生了。从零开始的理化生，久久未见的语文英语，他是真的找方法，真的用心琢磨，最后每次模拟考试都飞跃式进步，高考考了640多分。高考数学和数学竞赛差异性很大，但他稍加变通，便在高考数学中取得了149分的好成绩，称他一句高考赛道的"逆袭王者"，恐怕也不为过。他的学习方法，将在后文为大家详细讲解。

郎哥是我们心目中的神，但他见过更强的大神，所以从来不敢以神自居，常常谦虚，从不倨傲。在上大学前，他就经常在数学竞赛的贴吧搜索题目，看各路大神为大家答疑解惑，深刻认识到同为人类，大脑构造的多样性，智慧含量的差异性。在上大学后，他又见识到了大神的真面目，甚至加了很多大神的微信，进一步认识到各个省之间的差距。郎哥是吉林省的第一名，但与其他省相比，仍有距离。北京大学数学系的同学们，有人高中时就是全国数学竞赛前三名，有人大学常年专业前二，有人本科期间以第一作者的身份就发表了多篇论文，有人是各项大学生竞赛的"金牌收割机"，有人申请季斩获哈佛、麻省、普林斯顿等多个全奖博士 Offer（通知书），有人位居学工重要岗位。而这些荣誉，甚至可以在同一个人身上多项兼得，并且这样的人不在少数。

这个世界上的人太多太多了，永远有人比你更优秀，还比你更努力。人外有人，神外有神。有些优秀的同学，在中学时期是自己圈子里的佼佼者，到了北大看到了更加光彩夺目的人，便会黯然神伤，甚至一蹶不振。但郎哥没有，能通过自己的努力站上更高的平台，去结识更加优秀的人，难道不是一种幸福吗？比起无知的幸福，更愿清醒的痛苦，因而觉醒，因而成长。

郎哥早早确定了自己的专业方向，无法与大神中的大神比较基础数学，那便去学应用数学。他还修读了经济学的双学位，成功保研本校本院。从数学学习中养成的踏实、求甚解的工作作风，将伴随他的一生。

## 2.2　拼尽全力去更好的平台

每一个曾经在好的平台上学习过、成长过的人，都会不约而同地感谢平台，并对后来者说：请拼尽全力去更好的平台！注意，是更好的而非最好的，是踮踮脚能够到的，而非被周围人碾压的。优质平台到底好在哪里？如何找到自己的位置？在"鸡娃时代"如何合理奋斗？回答好这些问题的人，无论在何种境遇下，都能不被干扰，做最好的自己。

### 2.2.1　优质平台到底好在哪？

努力重要吗？很重要，因为努力是一切的基础，不努力，什么事也做不成。但平台和选择也很重要。罗翔老师给大家讲过一段话：乡下人很蠢啊，到城里这也不懂，那也不懂，看到红灯就闯，看到绿灯不走，怎么那么蠢呢？你作为城里人，到了乡下，分不清麦子和稻谷，也分不清高粱和玉米，那你不也是蠢？

在不同平台，能学习到的知识是不同的。想要学习城市规则，那你就要去城里；想要学习乡村规则，那你就要去乡村。选错了平台，就会努力不到点子上，事倍而功半了。

回顾郎哥的成长史，其实就是踮踮脚去一个更好的平台，然后在平台内尽可能吸收资源、信息和知识，再踮踮脚去下一个平台，跟着平台共同成长。

小学的时候，课内的知识比较简单，郎哥的数学老师推荐他去尝试奥数，于是在二年级的暑假他便去了。在奥数班考取第一名，他便去了当地最好的初中。中考成绩优异，他便去了当地最好的高中。最好的高中才有数学竞赛的资源和信息，所以他才有机会通过竞赛考取了北京大学。那这些平台，到底好在哪里呢？

1. 在更好的平台，有更先进的方法

学习这件事，是师傅领进门，修行在个人。但这个领进门真的很重要。

从宏观的角度而言，在优质的高中，你的老师就是出题组的成员，对高考的方向把握会非常清楚。学校经过无数次的试验，早就摸索出一轮复习、二轮复习，甚至三轮复习最合适的时间线，跟着学校走，就好比站上了传送带，保持不动都能领先于传送带外的人，再加上自己的主观能动性，跑起来就更快了。

从微观的角度而言，哪类题是重点，哪类题是难点，哪类题是易错点，培养过一届又一届优秀学子的老师，真的再清楚不过了。要不怎么说，优质高中的试卷、教案，都是财富呢？那些专题教案，把难题分成专题，每个专题包含几道重点母题，再延伸拓展几道变式题，能帮助学生更快找到自己的薄弱项，更系统地排查，更有效地专攻。

而普通学校的学生则需要自己去寻找更合适的教辅书，摸索时间规划，到处搜集各大名校的试卷。这些时间成本，恰恰是中学阶段最宝贵的。

中学的知识，说简单不简单，但说难也并不算特别难。简单就简单在，都是在规定范围内出题，都是有准确答案的东西，如果心态不崩，给予足够的时间，我相信每个人都有考 525 分的能力。因为高考的 70% 都是基础题，只要时间足够，智力正常，拿下这 525 分毫无问题。充足的时间 + 正确的方法 + 中等偏上的智力水平，20% 的中等题也不是太大的问题，所以 675 分也不是没有可能。但问题在于，高中三年的时间太有限了，六个科目，几十本教材，很多人大呼：来不及。

节省时间成本，让专业的老师帮助你规划时间线、总结专题、筛选试卷，就是优质高中最大的优势。郎哥能在短短三个月的时间里，几乎从零开始，高考考到 640 多分，和他跟上了学校的三轮复习不无关系。

2. 在更好的平台，有更多的机会

有些信息和机会，你不到那个平台，是根本无法获得的。因为我们在当地最好的高中名列前茅，所以我们的老师就会适时告诉我们可以去关注哪些合适的项目，只依靠年级排名，我们申请各大高校的项目就基本能通过。

我们在高二就可以申请中科大的少年班，提前参加高考。

在高二的假期，就可以参加北大清华的暑期营、寒假营，进入高校去体验沉浸式学习，考试成绩好还可能获得自主招生优惠资格。而这些，普通高中要么根本没有名额，要么名额极其少。

到了北大，机会就更多了。校友资源、社会资源遍布学习工作的方方面面，只要你是有心人，总能站在巨人的肩膀上更进一步。

3. 在更好的平台，有更优秀的同龄人

学习苦吗？如果你身边的人都在醉生梦死，娱乐狂欢，独留你一人寒窗苦读，挑灯夜战，那学习真的太考验心性，太苦了。但如果你身边的人都在和你一起进步，一起努力，那在这样的氛围中，很多东西都是顺理成章的了，就不苦了。

高中的竞赛教室里，每当郎哥看着永远做不完的题目陷入迷茫时，看着身边苦思冥想的同学，就觉得又有动力了。别人能坚持的，他当然也能。高中的课间、午间、晚自习，当我觉得题目难的令人绝望时，看着身边奋笔疾书的同学，就感觉又被激励了。别人能忍耐的，我当然也能。

大多数学生党都不喜欢考试，但对于普通人来说，我们生来两手空空，没有原始资本的积累，就只能拼命投资自己的人力资本，考试是使我们脱颖而出的最公平的机会。不同的平台，资源天差地别，带来的认知、思考都大不相同。如果只给少年一句建议，那郎哥首先想到的就是：拼尽全力去更好的平台。因为不同平台的教育资源差别真的太大了，对此我深表赞同。

### 2.2.2　找到自己的位置

郎哥是很不爱和他人比较的人，也好像永远不会嫉妒别人。这种稳定的内核是如何修炼的呢？是见得太多了。这一心路历程我也经历过。

最开始见到比我优秀的人，我也会很焦虑，情不自禁去和人家较劲。看别人刷了什么题，我也去买来刷；看别人课间不休息，我也坚持不休息。后来发现，与他人比较除了内耗，没有其他意义。以下三个认知，是缓解这方面焦虑的好方法。

1. 人与人生来不同

每个人的天赋是不同的，有人一看就会，一做就对，有人做了好几遍也还是会错。每个人拥有的资源是不同的，有人生来便有父母为之规划的"完美人生"，有人只能靠自己摸爬滚打。郎哥也是后来才知道，学竞赛真的是越早开始越有利。吉林省的竞赛相对落后，一些上海的后辈甚至从初一就开始上一对一私教课，高一就拿了全国数学竞赛决赛金牌。而他作为吉林省的第一名，高二才拿了银牌。

在人生的某个节点，与一些人交汇，或者是同学，或者是同事，都并不说明你们处在同一起跑线。人生不是一条跑道上的竞赛，而是无尽的旷野，每个人都有自己的路。如果能以自己有限的资源，与拥有优质资源的人站在同一平台上，就已经足够优秀了。找到自己的位置，不因他人位高而自卑，也不因他人位低而自矜。

2. 见得太少，容易骄傲，也容易自卑

做学习博主后，我经常收到一类私信："未央姐姐，期中考试我考了班级第一名，好害怕我会守不住自己的位置，压力好大啊，怎么办呢？"说得直白些，这是见得太少。见得多了，就会觉得别说是班级第一名，就算是年级第一名又能如何呢？永远有更好的学校，有更优秀的人。你把它当成沉重的包袱，要守住的位置，又如何能行稳致远呢？

别让一次优秀的成绩成为孔乙己脱不下的长衫。

郎哥虽然一直被我们称为郎哥，是班级的佼佼者、年级的佼佼者，甚至是全省数学竞赛的第一名，但他从来没有称自己为郎哥，也没有那么沉重的思想包袱。

还有一类私信，叫"比我优秀的人都比我还努力了，我一辈子也追不上，又何必努力呢？"这也是见得太少。要知道这世界上有那么多人，无论你处在哪里，永远有人在俯视你，也永远有人在仰视你。而这是你仅有一次的人生，唯一一次的探索，为何不做个人生体验收藏家呢？尽管去探索自己的所有可能性，让青春无悔，便已足够。

3. 见得多了，才能找到自己的位置

在我们进行教育生产函数研究时，家庭背景、教师、学校之间都是高度相关的。往上看，看到别人在优渥的条件下如何奋斗，然后学习其心得方法；往下看，看到别人在艰苦的条件下如何奋斗，然后受到其激励鼓励。

网络让世界变得很小，也让我们有机会见到不同人的生活方式和生活状态，那就利用好这个资源。当你突然见到很多光鲜亮丽的人，陷入感性的迷失是正常的。但理性的思考可以解决这一问题。你可以参考下面的做法。

（1）把你在互联网或者身边见到的、令你向往的人的身上最令你羡慕的特征写出来。

（2）把获取这一特质所需的条件列出来。

（3）思考哪些是自己可以靠近的。

当你突然见到一些不如自己的人，开始有些骄傲自满的时候，可以像下面这样做。

（1）把他们身上最令人遗憾的点写出来。

（2）把导致这一结果的若干原因列出来。

（3）思考哪些是自己可以规避的。

见得多了，就能找到自己的位置，知道盲目比较永无止境也没有意义，知道积极进取才是正道，知道专注自身才能成为更好的自己。

### 2.2.3 "鸡娃时代"如何合理奋斗

北京小升初孩子的简历：担任学生干部的校内表现，几乎全部满分的校内成绩，只是基础；课外成果更是丰硕，数学要参与美国的竞赛，拿到TOP 10；语文要到各大征文比赛拿一圈奖项；英语要考小托福、PET（初级英语考试）；更有声乐、钢琴等文体项目全面开花。看得我连连惊叹，小升初的简历竟比北大学子的求职简历还要丰富！

这让我想起了"电影院效应"：在一个非常大的电影院里，起初大家都在坐着看电影，开开心心，轻轻松松，每个人都能完全看清屏幕上的精彩内容。可突然，有一个人为了看得更尽兴而站起来了，把后面观众的视线全部挡住了。于是后面的观众只能也跟着站起来。慢慢地，就这样一排一排接下去，站起来的人越来越多。本来大家都可以舒舒服服坐着看电影，现在电影带来的享受没变，但大家都要额外付出站着的成本了。

陷入"内卷"的浪潮，就是在努力把路越走越窄。这个世界上有一条严苛的标准化道路，要上最好的幼儿园、最好的小学、最好的初中、最好的高中、最好的大学，要做最好的科研、最好的实习，进最好的公司、拿最高的工资。这样一路"努力"下去，一批又一批的人被筛选后淘汰了，陷入迷茫，陷入焦虑。

但人生不是比赛，而是旷野。我们要为自己而活，而不是为社会期待而活。在追求更好的自己的同时，很多世俗的成就就是水到渠成、自然而然了。

山本耀司说："我从来不相信什么懒洋洋的自由，我向往的自由是通过勤奋和努力实现更广阔的人生，那样的自由才是珍贵的，有价值的。"所以，在"鸡娃时代"，不是不奋斗，而是不盲目奋斗，要合理奋斗。

1. 环境：踮踮脚就能够得到

在教育这里，不是什么都要追求最好的。就像企业招聘也不会严格给各位候选人打分，选择一个综合得分最高的人，而是会选择一个最合适的人。

很多家长盲目找关系、花钱，想把孩子送入当地最好的学校最好的火箭班里，其实是有很大风险的。人长期与远超过自己的人处在同一群体里竞争，是会被打击积极性的，甚至可能失去自信，变得厌学。最好的学习环境，应该是在进入时处于中游水平，不至于跟不上。前面又有优秀的同学做引领，可以模仿学习。

如果前行的路一直是黑暗的，那么意志再坚定的人也会慢慢失去希望；如果天是由漆黑的状态越走越亮的，那么大多数人都能带着希望继续前行。到一个有进步空间，同时踮踮脚就能够到的环境去学习，就是此理。

2. 方向：广阔探索，T字形人才

T字形人才，就是既有一个具备竞争优势的专长，同时其他方面也都有广泛的涉猎。例如，郎哥就是既有数学专长，同时英语阅读能力、代码能力等也都不差。

很多同学会觉得，我只喜欢语文，喜欢文学的梦幻美好，完全不喜欢理科的复杂逻辑，为什么中学时非要同时学这么多科目呢？其实，没有数理化的逻辑锻炼，绝大多数人也写不好文章。文章也是需要逻辑，需要思路清晰的。中学阶段的学科还都比较浅，广泛涉猎，广阔探索，既能帮助自己获取高分进入更高的平台，也能让自己的能力模型更加全面。无论从哪个角度而言，都是有必要的。不要扼杀自己的可能性。

3. 方法：自主学习，而非被动接受

"鸡娃"的一个很可怕的后果，就是家长大包大揽全部规划好，孩子竟只是自己人生的执行者了。这样孩子会觉得，是为了家长被动接受学习，而非自己主动学习。

如果说，有一个最重要的学习方法一定要学到，那就是"自主学习"。从心底里认可学习是为了自己拥有选择的机会，能见到更大的世界，能过上自己想要的生活。这样孩子就会自己去寻找具体的提升方法，理科怎么学，文科怎么学，这些都是后话了。

明确环境 + 方向 + 方法，才能不被时代的洪流所裹挟，在自己的人生道路上合理奋斗，好好生活。

## 2.3　笨鸟先飞，量变引起质变

这个世界上有太多人想要一瞬间学会知识，一下子拥有财富，想要抄近路、找捷径。也许在商业世界里，确实有投机赚钱的机会。但在学习这件事上，再好的方法和信息指引，也需要脚踏实地的努力。像"笨鸟"一样提效 + 先飞，并在持续积累量变后才能迎来质变。要有信心做，且有耐心等。

### 2.3.1　"笨鸟"提效 + 先飞

当郎哥和我说，要"笨鸟先飞"时，我真是大跌眼镜。他是我见过的最聪明的人之一，竟然说自己是笨鸟，我的眼睛里充满了不可置信。

但这就是选拔的残酷性。当每个群体的优秀学生都被"掐尖"，而这些尖子又组成了一个新的群体后，相对的"笨鸟"就产生了。郎哥在旁听集训队培训时，觉得自己是笨鸟。我在荣誉班的时候，也时常觉得自己是笨鸟。

笨鸟想要追上聪明鸟，就得提效 + 先飞。

有的同学问我："未央姐姐，我的数学不太好，于是最近就学数学比较多，导致我的优势科目语文、英语竟然落下了！这可怎么办呀？"

我想说，先飞的意思，是要从课间、午间和同学嬉笑打闹的时间里面抽出来一些，甚至必要时从睡眠时间里面抽出来一些，去弥补不足的科目。而不是拆了东墙补西墙，用其他科目的时间来补短板。如果你用于学习的时间是一定的，又无法显著提升效率，那么补短板带来长板的缺失，也是必然了。

此时，首先要提效。先把所有要做的事情排好优先级，按重要、紧急两个维度做好分类，如图 2.1 所示。重要不紧急的事是一天中最应该首先开始做的事，比如文科的积累、理科个性化刷题。因为重要不紧急的事情，拖着拖着，也许永远也不会去做了。其次做重要紧急的事（如上课、写有意义的作业等），无论如何你都是会完成的。接下来做紧急不重要的事，其实也是包含一部分作业的（如重复性高的、自己已经很熟练的部分），还有老师和同学向你提出的一些紧急需求，这些事有时需要做，但从长远来看，最好是少做。最后做不紧急不重要的事，这些往往是快乐的事，比如打游戏、追剧、看小说等。这些则可以作为奖励时间而存在。无须灭人欲，注意不要沉溺即可。

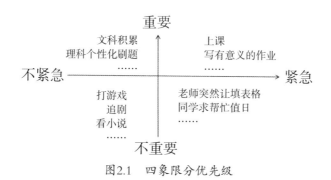

图2.1　四象限分优先级

而真学霸们，往往是平时效率已经很高了，几乎没有提效的空间了，所以都是平时不熬夜、作息规律，遇到事的时候真能熬。且看北大期末季的教学楼，几乎每个教室都亮着灯。教室清场延迟到晚上 12 点，就真的有无数人学到晚上 12 点，甚至回到寝室继续学，通宵也是大有人在。这时候，草稿纸与笔记本齐飞，咖啡、薄荷糖、风油精齐上阵，意志力持续在线，不可谓不拼命。如果你觉得自己已经够拼了，见识一下期末季北大学霸们的状态，相信你对"拼"这个字会有更深的理解。

综上所述，平时提效，必要时补时长，笨鸟才能飞得高、飞得远、飞得漂漂亮亮。

### 2.3.2　刷题量不够，不可能有质变

为什么上课都能听懂，但一到自己做题就不会呢？

为什么每天都在做题，可还是没有做题的手感呢？

为什么总觉得有瓶颈，到底怎样才能带来质变呢？

这些问题的答案，要么是没刷够题，要么是没刷对题。

1. "听懂"和"会做"是两件事

上课跟着老师的思路，逐步理解由第一步是如何推导到第二步的，再由第二步推导到第三步，只要老师讲得逻辑清晰，自己认真听讲，听懂是很自然的。但自己做题则是另一回事。一生二，二生三，三生万物，那么一从何而来呢？

看到题目，需得自己寻找突破点，找到那个"一"。如何找？就是要多刷题。见得多了，就知道越是难的题目，题干越是简练。越是优秀的题目，越没有一句废话。出题人给出的每一个条件，都是一个线索，需要自己串起来找出完整的故事。

所以，听懂了不代表会做了。尤其是复杂的压轴题，跟着老师的思路走一遍，自己也不见得能独立复现。在正确完整的数学学习过程中，课堂只是基础，重点在于课后的自主学习，具体的阐释将在 2.4 节详细介绍。

2. "做题"和"有效做题"是两件事

高中的时候，班级里有很多同学会跟着学霸们一起刷题，只要学霸在刷题，自己就绝不停下。学霸刷什么题，自己也去刷什么题。这样的努力未免有些"自我感动"的成分在了。学霸是按照自己的薄弱点在有计划地刷题，按照自己的精力状态在分配时间，这都是非常个性化的，盲目模仿并不合适。学霸的学习重点往往在于攻坚克难，而普通学生如果在基础没有夯实的情况下就去做难题，实在是捡了芝麻丢了西瓜。学霸有精力的时候，可能恰好是你正在困倦的时候，跟着学霸去做需要集中精力的事情，也不利于自信的养成。

方向不对，再多的努力也只能是在歪路上越走越远。比"做题"这件事更重要的是"知道该做什么题"，从而"有效做题"。

第一是基础题。老师讲到哪里，就把教辅对应部分的题刷完。日常的作业也大多是这个类型，这些题通常不会很难，用碎片化时间去刷即可。一个课间 10 分钟，可以刷三道选择题，也可以刷一道中等难度的大题。

第二是进阶题（利用主线 + 副本练习册法）。拿出最近一次考试的卷子，看看自己究竟是哪个类型的题在失分，然后去找对应的题目大量练习。其实学霸手里，每个科目都有两三本练习册，当然不会是全部的题都做，而是想找类型题的时候，能找到好多好多。一本全部刷完当主线任务，再来一两本当副本，才能成为刷题王者。

3. 几乎没有没遇见过瓶颈的学习人

有同学和我说："未央姐姐，导数压轴题真的是我的瓶颈，我怎么做也做不会，总是解不出第三问。导数题已经刷了十几道了！每道题都得一个小时才能看明白！瓶颈期求救！"

我想说："才十几道啊。导数可是高考数学的压轴题，才花十几个小时就想吃透，是不是未免太瞧不起高考出题人了？"

其实我遇到过的所有学霸同学，无论是国内的清北复交，还是国外的牛剑哈耶，没有一个没遇到过瓶颈期的。年轻时候要学的知识总是又多又杂，学霸们也难免有应接不暇之时。也许会经历一段时间的"报复性摆烂"（不想学了，只想放空，任性一段时间。这也是人之常情，很多看起来很强的学霸其实都很"任性"），但重整旗鼓后，都会厚积薄发，成功突破。

关键是只有量变，才能引起质变。当郎哥遇到几何题瓶颈的时候，他不是在刷题，而是在刷书。不知道有多少个深夜，一个人默默苦思冥想，才换来了考试时的成功解出。在学霸突破瓶颈前，那些寂寞的深夜，那些刷过的题，每一个都作数。

我始终相信作家马尔科姆·格拉德威尔在《异类》一书中提出的"一万小时定律"："人们眼中的天才之所以卓越非凡，并非天资超人一等，而是付出了持续不断的努力。一万小时的锤炼是任何人从平凡变成世界级大师的必要条件。"一万小时是什么概念？如果每天工作八小时，一周工作五天，那么成为一个领域的专家至少需要五年。

对于高考来说，不用一万小时，一千小时足矣。每天学习十小时，一周学习七天，三个多月足够突破所有瓶颈。那么，你有耐心和信心吗？

我是可以每天学习工作十小时的，所以我得到了我期待的回报。

## 2.4　机械化数学法

数学是灵活的学科，但高考数学中绝大多数的题目，却是机械化的。仿佛一个九连环，是多个套路的叠加。只要掌握了母题，就能引申出子题。

只要踏实重基础，按照 SOP（Standard Operating Procedure，标准作业程序）做事，就能把握基本盘。再通过"错题本"和"随身本"锻炼熟练度，看到题就知道该把什么套路安进去，就算是把机械化数学法学成了。

### 2.4.1 数学学习 SOP

在大厂实习的时候，我发现很多工作流程都有 SOP。按照 SOP 做事，不一定是最快捷的，但一定是不会出错的。其实，在数学学习上，也有一套 SOP——数学的完整学习过程。

1. 预习：不需要全部学懂

预习的目的不是让你马上就学懂这部分的知识，因为如果靠自己就全都学懂了，那还要老师干吗呢？预习的目的是发现自己哪个地方看得不太懂，做好标记，从而在老师正式讲授的时候，能够带着问题去听课，有针对性地去学习。

预习是为正式学习而服务的，如果你因为提前预习了这部分的知识，导致盲目自信，上课不认真听讲，那就真的是本末倒置了。我在上初中的时候，遇到过很多聪明的同学，就是因为提前在课外草草学过一遍，导致课内不认真听，最后也没学明白。迷迷糊糊学两遍，肯定是不如认认真真学一遍效果好的。

2. 上课：笔记的形式并不重要（有效笔记法）

上课的目的是吸收知识，不是做出一份好看的笔记，这点一定要切记。老师所讲的东西完全没有必要逐字逐句地记下来，因为老师讲的大多数内容其实都是课本上的内容。下课后自己看课本就可以了，概念、定理都不用重新抄写一遍。

我建议大家记那些老师讲到的，但书本上却没有的东西，具体如下。

（1）对定义的进一步阐释。

（2）一些特殊的例子。

（3）一些常见的二级结论。

这部分内容才是考试时最常出现的，也是课堂的精华，是老师多年教学成果的积累。

3. 课后：整理笔记 + 刷题

课后，如果你的时间比较充裕的话，可以考虑重新整理一下笔记，因为这也是一个对课上内容重新进行梳理总结的过程。把新获得的知识放在自己的知识网络里，思考与已有知识之间的关联，才能真正拥有新的知识。孤立的知识是容易被遗忘的，联结在一起的知识网络才是自己的。

如果你的时间不充裕的话，建议还是以刷题为主。理科最核心的方法就是刷题。如前文 2.3.2 小节所述，刷题一定要跟上老师的节奏，讲到哪儿刷到哪儿是基本的。除此之外，你需要根据每一次考试的成绩，去做卷面分析，看看自己到底是数学的哪一个模块出了问题，是计算量大的题总是粗心马虎？还是一些对思维要求比较高的题目总是想不出来？是平面几何解不出？还是导数大题不会做？发现了这些之后，再去专门找题做，进行加强训练。对于错题本的详细解说，将在后面 2.4.2 小节给出。

4. 求助与互助：费曼学习法

除了预习、学习、复习、刷题和考试后的卷面分析外，还有一个重要的方面，就是要积极和老师、同学探讨相关问题。很多时候你一个人百思不得其解，但别人的几句点拨就有可能使你茅塞顿开。永远不要不好意思问别人，因为绝大多数的老师是喜欢勇于提问的学生的，很多学霸都是乐于助人的。

永远不要藏私，觉得自己的东西不想讲给别人听，因为在给别人讲的过程中其实也加深了你对知识点的理解，而且别人的钦佩和感谢可以使你获得成就感和幸福感，从而激励你继续努力学习，这样才能在别人问问题的时候不被考倒，起到良性循环的作用。这也是知名的"费曼学习法"：Concept（概念）、Teach（教给别人）、Review（回顾）、Simplify（简化）。

只有当你能够自如地把知识讲给别人，让别人顺利听懂的时候，你才真的掌握了这个知识。

## 2.4.2 数学错题本你做对了吗？

我建议为每个理科都准备一个错题本。数学、物理、化学、生物，每个都值得。

其实很多同学都听从老师或学长学姐的建议，做了错题本，但花了时间，却收效甚微，慢慢就放弃不做了。这可能是因为你在制作错题本的过程中存在以下几个误区。

误区一：错题本就是把错题重新抄写在上面。

很多同学都会把考试和练习中遇到的错题工工整整地抄写在错题本上，抄写完毕后会觉得自己都弄明白了，都会了，很有成就感。但再遇到这个类型的题时，却可能一错再错。

其实这是很正常的现象。因为慢慢地你会发现，你的认知水平决定了你有一些部分就是学得不够透彻，这个类型的题就是你的薄弱板块，而你只是把这道题重新抄了一遍，怎么可能就完全掌握了呢？

把错题认真整理下来是基础，然后每次考试之前都需要把前一阶段的错题重新做一遍。注意，是做一遍，不是把正确答案重新看一遍。经过这样的检验方式你才会发现，哪些题你真的记住了，哪些还没记住。把没记住的题用特殊的记号标记出来，记住的题就可以不用再看了。例如，第一次月考前你整理出了 50 道错题，考试前你筛选掉了 40 道已经会做的，标记 10 道。第二次月考前的复习就只需要看第二阶段新整理出的 40 道以及前一阶段遗留下的 10 道。高中的知识点是有限的，你不会的类型题也是有限的，错题本就是帮助你一一找到并攻克它们的好办法。相信坚持下去，你的进步会越来越大，错题越来越少。

误区二：平时学习已经很忙了，我真的没时间去做错题本。

时间都是挤出来的，这些挤出来的碎片化时间不适合去做整体性的工作，但真的很适合去做错题本。这里有一个小妙招帮助你用最少的时间做最高效的错题本。

如果你没时间整理练习册上的错题，不妨就先从整理试卷上的错题开始。毕竟试卷上的题目都是老师精选的，质量更有保障。有些练习册上的题目偏难，可参考性相对一般。

当老师讲卷子的时候，你就可以同时整理错题本。把试卷上的错题直接撕下来，粘贴到错题本上（如果正反面都错，就选字多的撕下来粘贴，字少的手抄），老师讲解解题过程的时候，就直接抄在错题本上。这样在上课的过程中你就直接完成了错题本的制作。不必心疼你的试卷，因为就算你不撕它，好好地整理成一摞，放在那里你也不会再去看。因为厚厚的一摞试卷，让每个人都会产生生理性厌恶，不想看，也懒得看。但浓缩后的错题本，看起来就容易多啦。

很多同学会问，考试前到底要怎样高效复习呢？一方面是整理知识点，但另一方面最重要的是，把这一阶段的错题都过一遍。因为你错过的题，真的太容易在考场上换个样子出现，然后让你再错一次了！我也曾经反复错过相似的题，并因此怀疑自己是个"呆瓜"。但当我建立起自己的错题本，并定期重刷错题本之后，这一问题就基本被解决了。

### 2.4.3 除了错题本，还有"随身本"

"错题本"是大家耳熟能详的概念，那"随身本"是什么呢？这是我发现很多学霸都在实践，却没有人系统总结过的学习方法。在学习的过程中，遇到问题太正常了。如果每遇到一个问题就停下手头的工作，去找同学和老师询问，一来一回未免太浪费时间。所以很多学霸都会积攒几个问题，然后一次统一问。他们有时候连本子都没有，就拿一张草纸记一记。这张草纸引申出来的就是"随身本"。

和老师、同学去讨论实在是太有必要了。这个道理大家都懂，但往往不知道要讨论什么。这时候，随身本就要闪亮登场啦。

1. 随身本上记录什么？

你是否经常遇到这样的问题？老师上课讲得很快，你有一个点没有听懂，因为纠结这个点，导致后面的内容都没跟上。这是因小失大了，最好的解决办法就是把这个点快速记录在随身本上，然后跟紧老师去听后面的内容。既跟上了整体，又找到了问题，岂不快哉？

还有一种情况：作业中有一道题琢磨了好几个小时也不会做，导致其他科目的作业来不及写，因为这一道题，耽误一晚上的时间，还特别焦虑。这时候完全可以把这道题记录在随身本上，然后暂时放下这道题，去研究其他的作业，确保任务的完成。

甚至可以把各个学科的问题都记录在一个随身本上，做好学科标记即可。例如，在数学问题前面标一个"数"，在物理问题前面标一个"物"。因为随身本是要随身带着的，重在便捷，显然没办法给每个学科都准备一个。

2. 随身本怎么用？

在你的随身本上，你不必在意格式，不必在意是否整洁。因为很多时候你都是匆忙写下的内容，因此可以使用各种缩略符号，只要自己能看懂即可。例如，用→表示递进关系，用画图代替文字。

你的随身本上的问题可以攒到一定数量后，再一起去问老师，这样"有备而来"，相信老师见到你一定是"又爱又怕"。每解决一个问题，就在随身本上把它划掉，获得满满的成就感！从老师和同学那里收获的解题思路和小妙招，记得回去要整理在错题本上哦！

总的来说，就是日常按照 SOP 做事，错题本要清晰易懂，方便一次又一次地查看；随身本则要求小巧方便，随手涂画，不必在意格式与整洁度。这一套流程下来，养成的熟练度足以应付机械化的数学部分。

## 2.5　沉浸式数学法

机械化数学法锻炼的是熟练度，培养的是基础能力，做好了，成绩的下限就有了保障；而沉浸式数学法锻炼的是灵活度，培养的是进阶能力，做好了，成绩的上限就被突破了。二者一并强化，数学王者之路坦坦荡荡，自信满满。

### 2.5.1　机械化与沉浸式之分

2.4 节所述的机械化数学法，让我们可以像机器人执行 SOP 一样按标准化流程去学习，不断提高熟练度。这是积累"量变"的过程。但数学是真的需要"质变"的。在开窍的一瞬间，可能就从普普通通的成绩，转为了140 分以上，甚至 145 分以上。那些高三超越众人的黑马，大多就是在数学等理科中质变的，因为一道大题就是十几分，一分就超过几千人。性价比太高了！但这个量变转质变的过程充满了不确定性，因而大多数人都是在成绩平平无奇的阶段就扼杀了自己关于数学的可能性，放弃强化数学，自己被自己打败了。所以我们需要 SOP，保证自己在坚持做关于数学的正确的事，然后等待正确发生。

我们要通过"错题本""随身本"去磨炼过程，因为一道题的过程远比结果要更重要。从中获得的解题方法和思路，会成为我们熟练的套路。套路看多了，就会发现高考数学的题型是有限的，每类题的解法也是万变不离其宗，在变式的外表下是机械化的东西。因而在面对高考数学试卷上绝大多数的题目时，都能游刃有余，为真正的难题、压轴题节约时间。

除了选择题的最后一道题、填空题的最后一道题、压轴题的最后一到两问，高考数学试卷上的其他题目，都是机械化数学法完全能够轻松解决的。明确老师讲授的概念和公式，掌握教辅上最核心的母题和引申的相关子题，不断提升熟练度，确保看到题目就知道该按什么套路操作，就完全足够了。

而高考压轴题、高中联赛想拿一等奖所需突破的题、强基考试的题目、数学竞赛的题目，则是另一个层次了。往往需要灵机一动，没有现成的套路。郎哥有一个特点，他常常盯着一道题目思索良久，在脑中推演各种可能的方向，然后才动笔，一动笔即是一气呵成。学数学竞赛，是要静心，不能心急，有时他一天只做一道题，但这一道题带来的成长却是巨大的。破题之处在哪里？条件与条件之间有哪些关联？能否优化解题步骤？能否自行改编这道题？能否从题目中提炼出一个小模型、小结论？做清楚一道好题，胜过做十道同质题。

很多同学对沉浸式学数学是有误区的："我狂刷十页练习册，几百道小题，发现题目都会做！中间一次手机都没玩！本子上都是红勾勾！沉浸式学数学！好开心！"

其实上述状态并不是成长最快的状态，熟练而快速刷题，没有遇到难题，其实可以考虑加大难度了。在平路上骑自行车兜风固然神清气爽，但上坡路总是难走的。一直在基础题打转，遇到难题就产生逃避心理，认为自己不行，是不会成长的。要知道，在正式大考来临前的每一次练习、每一次考试中，如果能遇到难题，找到自己的薄弱点，那都是在帮助你变得更强。别怕，勇敢面对，与难题做持久搏斗，那才是沉浸式学数学。大神可以赤手空拳在脑中思考战略，我们也可以执笔为剑，在纸上推演各种作战方向，直至找到突破口。

没有一段思考是枉费心思，即使是自己错误的思路也是有价值的。为什么会想偏？与正确答案之间的鸿沟是如何产生的？如何靠近正确答案的思考路径？有的学霸看到难题会很兴奋，有的学霸看到难题会大呼好难，然后乖乖想办法解决，但没有一个学霸看到难题会绕过去，活在"简单题都会做"就以为"所有题目都会做"的虚假繁荣里。

如果你发现上课都能听懂，课后的练习都能做明白，但分数就是上不去，那就是该加大难度了，沉浸式数学法在向你招手。不仅要把会的题都做对（机械化数学法），还要重视难题的练习（沉浸式数学法），才能应对越出越活的高考数学，拓展思路，稳定信心，达到俯视试卷的王者境界。

## 2.5.2　给值得的题应得的时间

很多同学会说："我也想研究难题啊！可是我没有时间，每天的作业实在是太多了，遇到不会的题只能赶快网上搜答案，抄上以求完成任务。不然一道题耗上太久，就写不完作业了。一晚上只看一道题，只有没有日常作业的竞赛生才能这么干，也太奢侈了吧。"

确实，中学阶段时间紧、任务重，同学们常有"想做的事很多，但能做的事太少"之感。所以我们要合理规划，给"值得的题应得的时间"。这句话有两个层面，一是"不值得的题要压缩时间"，二是"值得的题要给一定的时间"。

先来说"不值得的题要压缩时间"。我曾经也认为，老师说的话就是金科玉律，老师布置的作业就是头等大事，但后来我才慢慢明白，一个合格的老师，一定是按照班级中位数水平来安排教学进度、布置课后作业的。如果一味跟随老师，那拿的就是中等生的剧本，走向平庸也是顺其自然的结局。但学霸们往往是不满足于课内的布置，同时又不愿意在一些课内任务上浪费时间的。坦白讲，很多学霸都会"聪明地抄作业"。

有些题目，都是同样的类型换个数字罢了，完整解出一道确保这个类型的题已经掌握后，该抄就抄。

有些题目，是你非常熟悉的套路，你已经知道解题共分为几个大步骤，但具体落实去计算却要花费大量的时间，那该抄就抄。

有些题目，综合性很强，涉及部分后面的知识，此时硬要去做还需提前预习，做不出来还会打击自信心，可以做好标记，该抄就抄。等学完后面的知识回过头来再看，问题就迎刃而解了。

然后说"值得的题要给一定的时间"。要思考，要沉浸，但也要有限思考，有限沉浸，否则过犹不及。思考才能知道自己的问题出在哪里，但钻牛角尖就会浪费大量时间，如何衡量一道题究竟沉浸多久为宜呢？

首先，判断这道题在试卷中的定位，是基础题、中档题，还是困难题？一般会是什么题号？假设你在考场上，顺利的情况下，最多会给这个位置的题目多长时间，然后就以这个时间为限。例如，我自己给数学十二道选择题的时间最多就是二十分钟，给导数大题的时间最多就是五十分钟。那么，我在练习时如果遇到相同位置的题目，就分别给自己二十分钟、五十分钟的时间去沉浸。沉浸的时候，我完全不会去想其他的作业，不会去想其他的题目，就只是一支笔、一张草稿纸、一道题、一个我。这也是一种限时训练，在规定的时间内把我关于这道题知道的一切都清晰地写出来，然后再去订正。

给值得的题应得的时间，时间就会告诉你题目的答案。

### 2.5.3　四步"榨干"一道题

在 2.5.2 小节，我们知道了哪些题是不值得的；"不值得的题要压缩时间"；也知道了"值得的题要给一定的时间"，明确了如何设置时间限制。那么在 2.5.3 小节，让我们具体落实到一道题上，看看如何四步"榨干"一道题，取其精华，为我所用。做明白一道好题等于刷了十道题，这是值得的训练。

1. 自己先做一遍，即使做不出，也要留下自己完整的思考路径

很多同学看到难题，写了个"解"就放弃了。不要这样，再难的题目，再不济也可以把题目给的关键信息先提取出来，记录下自己的联想，甚至是直觉。在自己规定的时间内，竭尽所能多写一点东西。过程有过程分，结果有结果分，考场上多得一分就能甩掉千人。因此，平时就得多加训练，养成"再难的题也要写一点东西"的习惯。

2. 拿出参考答案，看懂它，分析它的结构

哪里是突破口？哪些是关键的中间结论？哪里是自己没想到的逻辑链条？看懂答案后，在自己的答案旁边用红笔把关键点写出来。一对比，就知道差距在哪里了。

3. 看着红笔的提示，自己完整解一道题目，在题目旁边标注一颗星星

看答案能看懂，和脱离答案自己能完整解出，是两回事。越难的题，

越不是看一遍就能读懂读透的。能在红笔提示的帮助下，完整解出题目，已经很棒了，一口吃不成胖子。在这道题旁边标注一颗星星，下一次再来检验自己是否真正掌握吧。

4.考试前重新独立做一遍题目

做错题，做困难的错题，是非常有效的复习方式。考试前重新做一遍，能独立完整解出就标记一个对号，不能独立完整解出就标记一颗星星，然后再仔细看一遍答案，等待下一轮的检验。星星的数目越多，说明你在这道题上摔倒的次数越多，但没关系，坚持下去，总会迎来那个胜利的对号。

四步"榨干"一道题，重复多次，难点就会越来越少，做题就会越来越顺。

从一道题的精练，到一场考试的谋篇布局，从长期积累的量变到一朝爆发的质变，终于从一个平台到另一个更优秀的平台。也许现阶段要克服各种艰难险阻，但上坡路总是难走的，而努力的你从不缺同路人。

第3章

# 跟文科状元学
# 文理分治

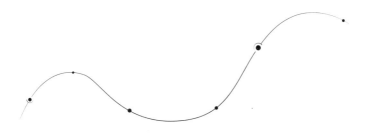

你心目中的文科状元是怎样的？安静乖巧的小女孩？按部就班的好学生？不，这和 Lily 完全不一样。在文科状元的标签下，她是个活泼开朗，甚至有些调皮的少女。当她想要努力追求自己的目标时，是真的会研究方法，踏实落实的。在基础好的情况下，她说："抓住重点，努力一学期就能上北大。"是什么方法如此高效？让我们在第 3 章拭目以待！

## 3.1　走很多弯路，也能通往北大——"文科状元"Lily

我们都希望求学路上大道平坦，花团锦簇，害怕走弯路，害怕努力得不到回报。可十几岁的年纪，谁会不犯错呢？文科状元四个字，听起来闪闪发光，又高又远，可这个名头下面的小姑娘，也和你我一样，会迷茫，会"摆烂"，会不断走弯路。但她的故事告诉我们：有些弯路，走了也没关系。犯错可以被允许，也正是因为被允许，才能自己走回适合且宽敞的大路上去。

### 3.1.1　说干就干的小姑娘

做自媒体博主后，我有很多次在线下被学弟学妹们认出来。有时双双愣住有些尴尬，有时事发突然有些搞笑，但和 Lily 的那一次相遇，令我印象最深。

那是一个平平无奇的周五下午，我坐在教室里等老师来上课，一个活泼高挑的小姑娘突然拿着一杯果茶蹦蹦跳跳向我走来："你是未央姐姐吗？好开心见到你！"避免打扰到教室内的其他同学，我们去教室外进行了交流。Lily 说，她是在我的 VLOG（视频博客）里发现，我会在周五的这个时间在这个教室里上课，就买了果茶来碰碰运气，没想到真的见到我了。这样细致的观察，确定目标后说干就干的态度，让我当下就觉得："这个小姑娘可不一般"。

要知道，想见一个人、想做一件事的想法，每个人都会有。但行动力却是大多数人都欠缺的，去主动见想见的人，怕丢脸；去努力做一件事，怕做不成。说干就干，是我自己能同时修双学位、去知名互联网企业实习、写书、做自媒体、筹备创业的最大武器，也是我最欣赏的品质之一。

仔细了解下来，Lily 果然不一般。她在初中学过数学竞赛，可高中却理转文，还考了文科状元。进入大学后，更是他们系的专业第一名。对未来的学习规划、职业道路都很有想法，而且说干就干，执行力极强。我在北大读到大四，专业第三名的成绩已经是兴趣加上刻苦努力的结果了，深知专业第一名的含金量。于是我想，要写这本书，还得找她聊一聊。

不聊不知道，一聊吓一跳。我本以为她是典型的精英主义培养出的人才，做事目标性强，执行力高，所以才能在容错率极低的环境下屹立不倒。没想到，她却是个"弯路"王者，从小到大没少走世俗标准下的弯路，也让老师和家长着实头疼过一段时间。我突然发现，原来走很多弯路，也能通往北大。看了她的故事，很多同学和家长的焦虑应该会被缓解一些。

原来学霸也是有血有肉、活泼接地气的。成长难免磕磕碰碰，只要知道自己想要去往何方，走一点弯路也没有大碍。怕什么呢？那么年轻，说干就干吧！

### 3.1.2　为什么选文科

虽然我个人对文科、理科绝无歧视，并坚定地认为，无论什么科目，能学好都是不容易的，能学好都是可以实现自我、成就职业梦想的。但从普遍意义上而言，理科生的平均薪资水平确实要略高，就业面也要宽阔一点。所以每年文理分科时，大多数人的选择都是理科。例如，我们当年全年级有 28 个班，其中就只有 4 个文科班。但纠结、犹豫是大多数人都会经历的。在人生的关键节点，有时一个人、一场讲座、一本书就有可能会改变你的人生轨迹，只是当时没有完全意识到罢了。谈及为什么选择文科，Lily 说大概是自己、学长、老师的共同作用。

首先是自己。在高一下学期的期末考试中，Lily 遭受了迎头一棒。物理的第一道、第二道大题全错了，总成绩直接被物理拉了下去，当时心态就有些不太好。谈到这里，她笑了，我也笑了。我发现在我认识的学霸中，几乎没有没经历过考试失利的，大家也许会消沉一段时间，但总会自己寻求解决的办法。内卷没有常胜将军，不抛弃不放弃才是学海之舟。

其次是直系学长。他比 Lily 刚好大三届，是完全相同的老师配置，是 2019 年的文科状元。学长在学校里很有名气，经常被班主任老师提到，状元的报道大家也都看过。

Lily 第一次见到学长是在高一的寒假，他作为招生志愿者回来宣讲，然后就加了 QQ，时常交流。对那时候的 Lily 而言，北大是个抽象的概念，是中国的最高学府，然后呢？她不知道。但学长却是具象的，他代表了一种她想成为的人，想生活的状态，是年级口耳相传的神级巨佬，带来了奋斗的方向和力量。

高一那年，Lily 问学长："怎样能上清北呢？"按照新高考"3+1+2"模式，统一高考科目为语文、数学、英语 3 门；根据物理、历史二选一来区分文理科，剩下四门自选两门。Lily 的文理排名差不多，但在新高考的赋分体制下，理科分数段密集，且一道题不会做就可能十分全没了，波动性比较大；而文科的稳定性较好，分数差别不会太大。她本身也没有强理科偏好，更希望文理兼修，所以学长结合体制、排名、她的个人情况和他的成功经验，建议 Lily：文理都不错的话，可以考虑通过文科确保进入北大，但是到了大学不要囿于文科的舒适圈，要加强数理基础，勇敢踏出舒适圈学习。

最后是老师。学校为了自己的清北率，一般都会劝一些理科不能稳上清北的好苗子去学文科。当年我们班就有女孩子被劝去学文科后，考入北大中文系，整个人比学理科的时候都更自信、更坦然了。Lily 的班主任是政治老师，自然也吹了不少耳边风。Lily 当时的理科成绩大概是复旦、上交水平线，想要上北大得靠自主招生或发挥好，此时选择文科无疑是一条竞争较小、相对稳妥的道路。

结合自己的现实情况，学长和老师的意见和建议，Lily 决定选择文科，冲击北大。

绝不是理科学不好的人才去学文科，那些顶尖的文科生，无非是两种情况：一是文科思维特别好，可以节省更多时间补数学；二是理科思维本身就好，以文科作为跳板。顶尖文科生的数学水平，可真不见得比理科生差呢。

### 3.1.3 学文科的困难

万事开头难，然后中间难，最后结尾难，但我们还是要坚持做正确且困难的事情。对于转去文科的优秀理科生而言，调整心态就是一大难关。那时候年级有五分之一左右的同学选择文科，一共是两百余人，Lily 觉得，去了就是要拿第一名的。这样的心气，也许有些"中二"，但却是很多学霸都有的内在自信和硬脾气，只不过大多不外显罢了。但事不遂人愿，转入文科后的历次考试，在流动的第一名下面，Lily 都是那个稳稳的万年老二。那种无论如何都考不了第一名的憋屈感，也曾经折磨着那个骄傲的小女孩。

不只是心态上的困境，还有内容上的挑战。因为高一的时候，Lily 一直是被按照理科生的模式培养，所以政治、历史等科目都没有认真学过，而到了高二，这些科目的难度又陡然上升，难免令人应接不暇。

那条标准的好学生道路是需要提前布局、早做谋划，确保每一分力气都花在正确的位置上的。没有提前认真学文科，已是一段"弯路"。高二下学期的化学换政治，又是一段"弯路"。高二上学期，一向对化学有信心的Lily突然被杀了一个措手不及。选化学的人比较少，在赋分制的情况下，稍有不慎就被卡了分数，总是在八十几分到九十分附近上不去。对化学的体验一下子发生了巨大的变化，被虐得无处说理。"不是自己不行，而是对手太强，"Lily说。

于是Lily决定转学政治。政治又是从零开始，一整本教材没有学过，但其中的内容又是每次考试都要考的。于是只能一边跟着课内的进度，一边自学那本没学过的教材。其中的自学方法，将在后文详细介绍。可以说，高二是Lily比较痛苦的一年，上学期在化学处吃苦，下学期在政治处吃苦，真是自己选的路，艰难爬行也要前进。

选择错了，是正常的，但要有拨乱反正的勇气和决心。弯路不可怕，囿于沉没成本一错再错，强迫自己在不适合的道路上越走越远，才是更可怕的。

内容上的挑战，不只体现在没学过的文科上，更体现在文科班氛围对理科学习的影响上。在理科班时，跟随班级氛围按部就班地学数学，Lily的数学成绩一直不错。但到了文科班，老师会降低对数学的要求，降低标准。同样的试卷，理科班的高分段是140分以上，但在文科班好像130分就是值得被称赞的了。Lily的数学虽然在文科班里是第一名，但和年级里的理科生相比，却并不是很高。

班级和老师的选择是符合大多数人预期的，因为对于以985、211学校为目标的文科生而言，125～135分的数学成绩已经非常足够。但Lily的目标是北京大学，对于顶尖院校而言，文科数学和理科数学的要求是一样的。

班级的目标在下调，Lily 的目标依旧很高，但在文科班的氛围下，她也在被潜移默化地改变着，直到某一天突然惊觉：自己学习数学的方法怎么变得如此文科！

学好文科的方法是极具文科特色的，大家喜欢整理知识点和错题，用荧光笔勾画出五颜六色的笔记，迷信"整理的力量"。这招对于政治这样的学科真的太好用了，有知识点，有逻辑框架，有思维导图，清晰答出大题的要点变得不再困难。但数学并不是这个逻辑，数学是需要题量的积累来养成做题的手感的，需要灵活运用，文科思维并不适用。

心态上的困境，内容上的挑战，方法上的错位，让 Lily 偶尔也会怀疑：理转文，真的是一条正确的道路吗？

### 3.1.4 被困难打倒，就先躺一会儿

当心结没有解开，方向没有明晰时，动力就很难产生，行动也无法跟上。那段时间，Lily 有点被困难打倒了，然后顺便"躺下"歇了一阵。不是真的想歇，是清醒且痛苦地歇。

高二上学期被化学痛击，高二下学期被政治捶打，理科生、文科生的苦吃了个遍，Lily 的成绩还算不错。于是在高二的暑假，她得以去北大参加暑期营，离理想学府更近了一步。但暑期营可不是来游学玩乐的，重点是那场一定程度上关乎着北大招生组是否会在高三将你锁定的考试。又一次，她觉得语文和数学都发挥得挺一般的。从北大回来后，是一段混乱的日子。

这是 Lily"自学阶段"的典型一天。

早上九点多，艰难起床。

吃早饭，摸鱼，不知不觉间竟然十点多了。

终于开始上网课。

十一点四十，吃午饭了！

吃完困了，娱乐后午睡到下午两点多。

下午再看看网课。

晚上不定期出去玩、看剧、写作业。

大家都说，自学能力是核心竞争力，假期是学霸和学渣拉开差距的时候。是的，曾经的学霸不好好学，也被拉开差距了。

老师对 Lily 寄予厚望，开学后就急忙来问："北大的暑期营发挥得怎样呀？""还行。"Lily 说。出成绩后，北大招生组老师的态度有些暧昧，排名上来看的确考得还可以，但又不够拔尖。这段暑期营的成绩仿佛一个隐秘的预告，开启了高三上学期成绩的下坡路。

从第一名到第九名、第十三名，老师看着 Lily 的眼神中充满了不理解："你到底每天都在干什么？"要考北大，至少也要稳定在前三名才有机会。而面对 99 分的语文、38 分的作文、中位数的数学、很差很差的周测，Lily 不止一次地觉得自己要完蛋了。

在一场考试中，一部分靠实力，还有一部分靠运气和惯性。当你状态很好时，人就会很自信，看到难题也不会慌张，就能发挥得很好，变得更加自信，形成良性循环。但这个循环一旦被打破，却有可能陷入恶性循环之中，不知道为什么开始犯低级错误，看错条件，算错数，甚至抄错答案。低级错误一个接着一个，成绩也就一点点下滑。越下滑，越着急，越着急，越容易犯低级错误。成绩差好像也有惯性，轻易没法回到正确的轨道。

但 Lily 凭借自己不错的基础和逐渐端正的学习态度，成绩有所回暖。在高三上学期的第三次月考中，她考了第三名。按照正常的故事走向，事不过三，经过文理分科的弯路、化学换政治的弯路、网课期间成绩下滑的弯路，后面该是学霸觉醒后发奋图强的故事了，但我们的"弯路王者"还是带来了"惊喜"。

曾经连第二名都觉得不服气的女孩，现在却因为这个第三名而有些飘飘然。在期末考试的前一天晚上，她突然对《百家讲坛》着了迷，觉得蒙曼老师讲得太好玩了，唐史实在是太有趣了！在温暖的被窝里看着有趣的内容，不知不觉，就看到了凌晨四五点，而期末考试八点就开考了。这一晚，Lily 一夜无眠，沉浸在欢乐的海洋里，甚至在内心发出对期末考试不屑一顾的声音：期末考试算什么啊？

当学生开始挑衅考试，考试就会重新教学生什么叫作"尊重"、什么叫作"敬畏"。在这场半梦半醒的期末考试中，Lily 在考历史的时候真的睡着了。这里有一种荒诞的呼应：考试前一晚因为唐史而缺乏的睡眠，终于在历史的考场上补回来了。那些材料很长的历史选择题，正常情况下要四十分钟才能做完，而 Lily 在睡醒后只能匆匆作答。草草看一眼题目和关键词就迅速选择，二十道选择题只用了五分钟。

果不其然，历史考了倒数。但 Lily 觉得，反正放寒假了，历史老师管不着，班主任也管不着，没关系！

是不是和你想象中的学霸完全不一样？学霸从来不是脸谱化的，他们也会有幼稚的一面、可爱的一面，甚至有莫名其妙的一面。大家都会遇到困难，遇到挫折。越挫越勇是难能可贵，被打击到想报复性"摆烂"，才是常态啊。

故事如果只讲到这里，那就是学霸少女的陨落。这一陨落的过程告诉我们：消极反抗是无效的反抗，"摆烂"一次就会有无数次，因为自己幼稚的赌气而输掉这段青春奋斗的时光，回首时真的很难不后悔。所以千万不要掉进恶性循环里！万一掉进去了……接下来，让我们来一场真正漂亮的学霸翻身仗！

### 3.1.5　抓住重点，努力一学期就能上北大

寒假的时候，突然一缕灵光，让 Lily 惊觉：自己怎么变成这样了？这样是有问题的！有问题就要解决问题！语文、数学这两个优势学科，已经不复当年荣光。政治、历史，平平淡淡，也有拉分的可能性。英语、地理，真是太拖后腿。

问题是明确的，目标是高远的，任务是艰巨的，时间却是紧迫的。只剩下最后一个寒假、最后一个学期了。时间都需要用在刀刃上，一分钟也不能浪费。那些曾经被肆意挥霍的时光，总要用努力慢慢偿还。Lily 行动起来了！

第一个重要决定：不写寒假作业。因为寒假作业是老师为班级平均水平的学生准备的，既多，又没有针对性，对 Lily 的意义不大。很多同学经常会疑惑，自己明明上课认真听讲，下课积极完成作业，为什么仍然只是班级的中游水平呢？因为课堂和作业就是为班级中游水平的学生准备的剧本，想要优秀，就得去做额外的努力。不写作业只是需要和老师解释，顶多被骂，不为自己打算只是盲目完成作业，却可能彻底失去考上北大的可能性。Lily 相信，只要自己能拿出更有说服力的成果，不写寒假作业的决定就一定会被老师理解。学霸，从来不是对老师言听计从的乖孩子，而是真正知道自己在什么时间该做什么事情的聪明小孩。

第二个重要决定：抓大放小。时间是有限的，不可能每一个学科都做到面面俱到；精力也是有限的，太过分散会导致看不到效果。所以 Lily 先系统分析了一下自己各个学科的现状，然后有侧重地冲刺。

Lily 发现，小科在赋分之后分差相对较小，日常跟上学校的进度即可。其中历史重在积累，平时做题如果遇到一些奇奇怪怪的题目，就及时贴在积累本上，这样占用的时间不多，效率却高。主科语数外是重点，于是 Lily 决定，先集中补曾经的优势学科语文、数学，这样提分效果好，有利于稳定心态，然后再谈英语。

找到方向和方法，再配合坚持和努力，到高三下学期的时候，Lily 的优势学科就已经重新站起来了。数学的高分，不只是文科班的高分，和理科班也可以拼一拼，比文科班第二名可以高出十几分。语文在稳定的基础上，有时也能拿到很高的分数了。英语也不再拖后腿。到了高考时，更是考出了文科状元的好成绩，如愿进入了北京大学。

Lily 笑着对我说："真的，只要基础不太差，抓住重点，努力一学期就能上北大。"我对她的一学期逆袭上北大充满了兴趣，相信大家也是一样。在 3.2 节，让我们共同来学习一下这神奇的经历和方法。

## 3.2　抓大放小自学法

提到"自学逆袭计划"，大家会觉得难以下手。是啊，科目太多了，哪里的分数都不想错失，可时间又是有限的。如何以有限的精力，在有限的时间内，实现最大化提分的效果，让努力实实在在获得回报呢？一是抓大，优势学科先提分，成效明显；二是放小，最后剩余时间集中提分，分数多多益善；三是自学，错失部分考中学，知识拼图不遗漏。

### 3.2.1　抓大：优势学科先提分

攻专长还是补短板？这是很多同学在想要开展"逆袭大计"时都会感到困惑的问题。如果你的专长已经很稳定，那么投入的边际产出是很低的，此时建议补短板。如果你的专长因为"摆烂"而受到了冲击，那么投入是很容易看到成效的，此时建议攻专长。核心就是逆袭很辛苦，看到效果才有动力长期坚持。因此早期要把力气放在提分快的学科，后期学习的惯性起来了再去攻坚克难。

在高三上学期的时候，Lily 的语文非常不稳定，属于高分上不来，但低分却下得去，所以要先补基础知识。做自媒体以来，很多同学都和我反馈过，自己在刷各个软件中不知不觉浪费了太多时间，被碎片化的信息冲昏了头脑。其实学霸也刷软件，但却是用另一种刷的方式。Lily 在 B 站看网课！她推荐的 UP 主（优秀内容创作者）是"学过石油的语文老师"。

语文的实质是考查思维，盲目刷题作用不大，因为你的思维停留在固定的层面上，所以有些答题点就总是想不到。这时候就要听老师讲了，网络上真的有非常多很好的资源，能利用好的人，就会惊觉信息时代带来的巨大精神财富。听老师讲解，会带来新的视角、新的思考，而且不会像自己苦思冥想那样辛苦，而是思维流畅的爽感。同样是学习语文，找到正确的方法，就不会太累。

除了主观题，语文的另一大重点就是作文了。很多同学有一个误区，作文就要一遍遍写、一次次练，其实这样做效率很低。一篇作文 800 字，写完至少需要四十分钟，拿给老师去看，获得几句话的评价，真的会有很大的收获吗？更高效的方式，是去思考作文的三要素。

（1）如何分析一道作文题目。

（2）如何寻找切入点。

（3）如何组织素材。

可以多去听老师讲三要素，也可以自己找一些作文题，去思考这三要素，然后与参考答案的要点做对比，逐渐找到写作文的感觉。用三要素刷作文的方法，别人写一篇 800 字作文的时间，我们可以刷三篇！

再来说数学。上课是输入，做题是输出。输出总是比输入要辛苦的，所以当状态相对较差时，可以选择去听网课；当状态相对较好时，再去刷题。具体而言，Lily 会在"不太想学习"的时候找一些讲全国各地最新数学套卷的 UP 主，听他们讲题；在"很想练手"的时候刷套卷来练习，一张套卷知识点覆盖相对全面，可以帮助我们在知识方法层面系统复习。而且套卷和考试的模式相对类似，如果在刷套卷的过程中觉得解题方法不熟练，就可以去把一轮复习的笔记再翻一翻。会的题要熟练，才能节约时间，从而为不太会的题留出稳定的心态和充足的思考时间。

优势学科的重点提分计划，最好是和 Lily 一样从假期开始。因为假期的时间相对自由，能够最大限度地完成目标。等到开学时，作业会变多，日常的学校学习也要跟上，此时，Lily 也相应做了灵活的调整：语文的思维框架已经有了，那么日常刷作业题保持手感即可。而数学，则需要"猛刷题"。Lily 在考试中发现，很多题目明明是会做的，却在短时间内做不出、做不对，这就要归因于刷题量不够了。在学校很难找出大块时间，Lily 就抽出碎片化时间来刷选择填空的压轴题，把《试题调研》的全套都刷了一遍。"天利 38 套"两天一张限时练。一张分两天写，一次一个小时。题量上来了，手感就有了，很多应试问题都解决了。

优势学科是我们本就相对擅长的学科，也许一时疏忽成绩下滑，但找准方法提分就会很快。一直在黑夜里坚持前行，极少有人能走出黑暗。但如果越走越亮，能看到希望，能坚持下来的人就会大大增加了。这就是"优势学科先提分"的意义所在。

### 3.2.2 放小：最后剩余时间集中提分

平时的模拟考试试卷，往往会出一些"偏难怪"的题目。尤其是英语这样有一定主观性的学科，有些阅读题和完形填空题的答案并不是完全逻辑自洽的。有时甚至答案是 A，老师就按 A 讲；答案是 B，也能按 B 讲。而高考的试卷则是相对"正统""规矩"的。所以当模拟考试成绩不理想时，老师们总会安慰大家："没事的，高考分数自然就高了。"但如果平时是 130 分的水平，却期待高考变成 140 分，那就真的是"错觉"了。对于真正的学霸们来说，无论模拟考试卷子有多难，他们的成绩都会稳定在一个很高的层次，确保自己无论遇上什么突发情况都能考上心仪的学府。

Lily 也是高考前的最后 50 天才意识到，英语没有那么容易。自己平时作文总是跑题，阅读理解也会想偏，而这些问题不会到了高考就自然而然都被解决了。不能活在错觉中，还得觉醒自己冲！

英语基础部分是课内固定的语法和词汇，没有太多思考层面的难度，只要认真问题都不会太大。当然，这是从学霸视角出发的结论。如果你的基础不好，还得努力背单词，记语法，总结固定搭配，刷阅读理解和完形填空题。Lily 的英语基础部分，扣分一般会控制在 3 分以内，所以完全不焦虑。她的集中提分，主要是聚焦于作文。

Lily 的英语目标分数是 140 分以上，其中作文 1 的满分是 15 分，目标 13 分以上，作文 2 满分 25 分，目标 20 分以上。有了清晰的目标后，Lily 开始了具体的行动。

作文 1 的篇幅相对较短，于是 Lily 每天都写。英语老师参加过 2021 年高考的阅卷，在这方面非常有发言权，是 Lily 的一大抓手。她每天先看范文，再自己练笔，然后拿给英语老师审阅，接下来根据老师的建议做无数轮修改。有时聪明人也需要下笨功夫，她写了整整两本练习本的作文给老师看，终于把之前 9—11 分的作文 1，提升到了 13 分，逐渐找到了写作文的感觉。再回首看之前的练笔时，Lily 发现自己语言表达的流畅度已经得到了大幅提升。

作文 2 的篇幅比较长，所以 Lily 的战略与语文作文相似，多看少写，梳理思路。她经过练习后总结出英文作文关键点法。（1）绝对不能跑题，就可以保住下限，确保分数至少为 17 分，这就要多看各种各样的题目，看对应的参考答案，与自己的思路核对，不断向答案的思路靠近。（2）总结文章的套路，这样可以节省大量的时间。如果看着每一篇作文都是从 0 开始，那么之前的练习将毫无意义。练过，就要留下一些东西在脑子里。（3）要点必须踩准。（4）语言必须漂亮。如果能做到这四点，拿到第一档的分数将不成问题。

那些曾经因为提分效果不明显而被你"放小"的学科，如果在最后时间还有剩余的情况下，最好还是"集中提分"。毕竟分数是多多益善！别怕来不及，只要从现在开始，就永远来得及。

### 3.2.3　自学：错失部分考中学

很多同学问过我："学姐，我之前有一本书没有认真学，现在考试还总是会考到，我该怎样跟上进度呢？自己先不管学校的进度，按自己的节奏从前往后补可以吗？"朋友，想一想自己当初为什么会错失这一部分内容。不就是因为自制力不强吗？此时再全盘依赖于自己本就岌岌可危的自制力，真的并不明智。我的建议是，一定要跟上学校的进度，同时自学补前面的内容。否则容易一步落后，步步落后，永远也追不齐。

Lily 的实践也证明了，考中学是可行的。

前文提到过，Lily 是在高二下学期才从化学转学政治的。政治又是从零开始,一整本教材没有学过,但其中的内容又是每次考试都要考的。于是只能一边跟着课内的进度,一边自学那本没学过的教材。这个时候,就不要逞强,要积极求助。可以找老师寻求当时的资料,找学长学姐寻求往年的资源,也可以找同学寻求当时的笔记。Lily 当时就是找同桌借了笔记。

Lily 没有学过的那本政治书是哲学部分,要背的东西非常多。所以在寒假的后半段,Lily 就开始拿着同桌的笔记划重点了,但这个时间明显是不够完全掌握的。只能是对全盘有一个整体性的认识,知道有哪些内容、哪些是重点内容。但这已经足够了。自学一本书听起来很恐怖,但恐惧来源于未知,先通篇了解下来这是什么东西,把抽象的恐惧具象化,就会发现恐惧消失了。

开学后,开学考、周测的压力全来了。但换一个角度来想,也带来了自学的动力和刺激。只学不检验,就像打游戏没有排位,如何获得爽感和成就感呢?如果你有参加强基计划的目标,那么平时考试的成绩还算有一些对未来的决定意义。如果不打算参加强基计划,那就真的不必太为模拟考试、月考、周测而焦虑,它们都是帮助我们发现问题的助手,并不能决定我们未来的走向。除了高考,只要心态稳,其他考试考不好都问题不大。完全可以"考中学"。

什么是考中学呢?知识是一个巨大的拼图框,需要我们找到这些拼图,并把它们放置在正确的位置上。假期时候的全盘认识就好比找到了所有的拼图。每次考试前因为考试的压力而非常高效密集地复习,此时的效果远比平时自己随便自学看一看要好得多。这就相当于把一些拼图拼了上去。考试后我们发现了许多漏洞和知识点的缺失,就相当于知道了哪些位置缺拼图,课后再针对性学习,把拼图放上去即可。拼图拼着拼着就全了,考试考着考着就会了。也许分数一时较低,但整体趋势一定是向好的。

自学最难的就是掌握节奏，而考试恰恰给了我们合适的节点，帮助我们有条不紊地补充知识拼图，弥补错失部分。

# 3.3 文科理科切割法

一代文学巨匠钱钟书，数学只能考 15 分。可见文科思维和理科思维客观存在差异。为什么已经很努力了还是没有效果？可能是思维和学科没有成功对应，并不适配。在 3.3 节，笔者将给出常见的假努力场景与对应的极简理科方法、文科专题总结法，方便自查自检，及时调整。

## 3.3.1 假努力与极简理科

文理分科持续多年，内在是有一定合理性的，那就是文科思维和理科思维真的不一样。现在的新高考 6 选 3 模式，其实是希望能培养出兼具文科思维和理科思维的综合型人才，也是从侧面佐证了这两种思维的差异性。想要把文科、理科都学好，就要把二者切割开，用理科思维学文科，会缺少一些灵气；用文科思维学理科，则会带来一些常见的"假努力"。有时候，理科的学习是需要一些极简方法的。

"假努力"场景一：五颜六色的错题本

似乎每个班级里都会有这样一位同学：他会工工整整用蓝笔抄写下自己每一道错题的题干，再用黑笔工工整整抄写下错题的正确答案，并用红笔工工整整标注出题目的关键点。一道题没有二十分钟是无法结束这一过程的。他每个课间、午间，甚至上课时间，都在见缝插针地书写他的错题本。即使是抓紧了一切时间，有时还是不能及时把所有错题都整理到错题本上。看着工工整整的字迹，他由衷地感到开心；看着没有提升的成绩，他真正地感到不解。

"极简理科"场景一：极简错题本

而学霸们是如何对待错题本的呢？一些比较认真严谨的学霸也会制作错题本，但更准确地说，是错题拼贴本，能不手抄就绝不手抄。那些考完的试卷、做完的练习册，即使摆放得再整齐，看着也是厚厚一摞，令人望而生畏。如果不加以整理，大概率也是不会再翻看的了。所以学霸们会把试卷、练习册上的错题直接撕下来粘贴到错题本上，大大节约抄写的时间。毫不夸张地说，当年我在荣誉班的时候，月考后讲完试卷的课间，教室里都是一片撕卷子的声音，大家撕得开开心心，撕得明明白白，成为那段奋斗时光里的一份独特的小记忆。翻开我的错题本，有灰底的试卷，有白底的练习册，有大字，有小字，有印刷体，有手写体，谈不上工工整整，但还算清楚明白。我每次考试前都会重刷一遍错题本，那些"丑丑的本子"也成了我复习理科时最大的抓手。

也有一些比较随性的学霸，会觉得完全没有时间去做错题本，比如Lily。所以她就会在考前把近期的试卷和练习册都翻一翻，把错题集中看一看。如果你看着厚厚的试卷堆和练习册堆就觉得心里发慌，那么把功夫放在平时，简单整理出一个薄薄的错题本当然是好的选择。但如果你在考前能够淡定翻阅，不慌不忙，那么不做错题本也完全可以。错题本的本质就是把错题集中起来，方便复习。如果你心里大致有数，知道错题分布在哪里，那么不集中起来也没问题。

总的来说，怕心慌就多动手，心中有数不动手也没关系。看问题要看本质，重实质而非重形式。

"假努力"场景二：繁琐的知识整理

文科的学习真的很需要把知识由点到线、由线到面规整起来，整理出知识框架、思维导图，才能知道题目想要考查什么，知识点之间如何联系在一起。而且这个过程最好是自己来做，用自己的逻辑和思维去梳理，才能记得更清楚。但理科不是这样。花时间去书写一遍每一章的主题是什么？每一节都讲了些什么？有哪些重要的概念和公式？会让你看着笔记误以为自己已经掌握了这些知识，自我感觉良好，但实践下来还是不会做题。

知道了知识点是什么，和能把知识点灵活运用起来，去解决题目中的问题，完全是两码事。花大量的时间去做繁琐的知识整理，是典型的"假努力"。

"极简理科"场景二：巧妙利用参考书

上文可能带来的误解，我有必要再详细解释一下：知识框架、思维导图重要吗？当然重要，因为有了这些就有了底，心里有了数。但这个梳理过程其实没有必要自己来做，理科的主观性不强，知识点之间的联系是客观的，所以学霸们会巧妙利用参考书。

很多同学只买纯习题的练习册，用来刷题，但学霸手中往往是有好几本相互补充的。有的刷题，有的看整理部分，有的挑题做。取多本练习册、参考书之精华，自然能够在考场上百战百胜。别人花十几个小时整理的框架和导图，学霸花几十分钟就能吃透，节省下来的时间都去刷题，提升熟练度，见识新题型，同样的时间，更好的效果。

综上所述，想要文理兼修，首先要把文科和理科分开，即文理分治。在理科的层面，告别假努力，实现极简理科，才能取得事半功倍的效果。在文科的层面，3.3.2 小节将为大家详细介绍文科专题总结法。

### 3.3.2　文科专题总结法

Lily 在刚刚理转文的时候也曾有过误区：觉得一定要把每道题都写得满满的，要努力做到对答案的完美覆盖，宁肯多写不要少写。但其实这样做的边际收益很低。文科试卷的文字量是很大的，每次考完试大家都会甩甩胳膊，抱怨一句"手都酸了"；而文科考试的时间是一定的，每次考试都会有人悲伤地说："完蛋，又没答完卷子！"所以从过程的角度而言，可能会导致前面写得太满，后面来不及写。从结果的角度而言，写得太多，也可能导致老师看不到可以拿分的点。这也可以理解，阅卷老师也是普通人，看着满满当当的一片文字，也会难以抓取踩分点。

问题是明确的，很多同学都能意识得到。差异就体现在学霸往往能找到问题的解法。以政治为例，Lily 发现了大题是如何拉开分差的。首先，书本上的知识点、常用的知识点一定要写上去，这是基础。基础好的人，分数的下限就会比较高。然后，那些模拟题里出现的高频的语言、时政材料里的新术语、书中没有的知识，才是有区分度之处。区分度的题目做好了，分数的上限就会比较高。

在 3.3.1 小节，我们强调了理科的重点在于刷题，文科的重点在于整理。这绝不代表理科不需要整理，文科不需要刷题。理科的整理可以巧妙利用参考书，文科的刷题也是有方法的。Lily 提到，在高三的下学期，学校会每两天布置一套模拟卷。这个密度是很大的，如果只是盲目地刷题，而不及时做总结，是会错过很多东西的。对于政治这种规律性很强的文科，专题总结法极其适用。具体的步骤如下。

（1）选定一个专题。题目做多了就知道，看似无穷无尽的题目其实大致可以归为几类，而且类型是有限的，比如"国企民企专题""乡村振兴专题"。

（2）把很多相关的题目都撕下来贴上去，有价值的点标注出来。不断循环这个过程。此时与理科一样，不要手抄题干。试卷、练习册直接撕起来，不要心疼。有同学会问，要是正反面都有错题怎么办呢？说来惭愧，高三的时候我甚至会买两本一模一样的练习册，一本用来做题，一本专门用来撕。正反面都有错题就两本一起撕。那时候老师还会定期要求我们上交练习册，检查进度。看到我那被撕得七零八落的练习册，老师还私下夸我好聪明。

（3）题量积累到一定程度后，把专题做个汇总，即一个专题下面有多个要点。此时浓缩的都是精华，选择手写，记忆更牢固。

（4）最后是根据模拟题出题的频率、题目可以考查的话题度，来为专题排优先级。重要的反复看，次要的也要看。尤其是考前，临阵磨枪，不快也光。考前看看专题总结本，往往真的能起到意想不到的效果。其中"依法治国""国内统一大市场"这样的专题，Lily 在高考前半小时都还在看。

如果刚刚接触这一方法，觉得有些抽象，可以仔细学习一下图 3.1，这是 Lily 的专题总结本实拍。如果能把政治的几本教材浓缩为若干专题，总结成体系，还愁文科学不好吗？

文理分治，就是要用文科思维学文科，用理科思维学理科，用合适的方法做合适的事情，从而水到渠成，自然而然取得心仪的成绩。

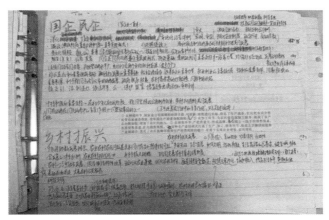

图3.1　Lily的专题总结本

# 3.4　目标人物法

很多时候，年轻人不是不想努力，而是不知道该往哪个方向努力。这时候就需要目标人物法登场了！目标是抽象的，但目标人物却是具象的。找一个和自己基本情况相似，且自己向往他成长路径的学长或学姐，复制他的节奏和规划，再优化他的路径和模式，自然就会事半功倍。那如何找到目标人物呢？在 3.4.1 小节，我会阐明向上社交必备的认知和"三不心态"；在 3.4.2 小节，则会结合实例讲解向上社交的具体方法论。目标人物的力量，真的超越你的想象！

## 3.4.1　向上社交心态篇

每个人都希望与优秀的人为伍。从功利的角度而言，能够带来机会和资源；从非功利的角度而言，与优秀的人在一起做事，本身就是愉悦的，能带来成长的。哈佛大学曾经有研究表明：你的水平，约等于和你平时接触最多的五个人的平均水平。不断向上社交，其实就是在冲破自己的边界，寻找更好的自己。

向上社交的好处是显而易见的，但实施却并非易事。在阐释具体的方法前，我们需要先有一个稳定的内核，所以 3.4.1 小节是心态篇。以下的心态，如果在正式开始向上社交前没有建立好，很容易在社交场合内耗，甚至"哭泣"。毕竟，我们都要慢慢明白："我不是世界的中心，其他人也不会惯着我。"

首先，我们必须明白：一切社交关系的底层逻辑都是"价值交换"。那些能帮到你的人，即使你们加了微信、有了电话，他也不是你的"人脉"，只是多一个可能的求助通道。大家的时间都很宝贵，对方完全可以不回复你的信息，不接你的电话，因为他没有帮助你的义务。你也不必因此而记恨对方，如果有朝一日你们能够完成"价值交换"，你自然就可以联系上对方了。而那些你能帮到的人，才是你的人脉。因为他们需要从你这里获得一些东西，你才有可能从他们那里索取一些价值。

接下来讲"三不心态"。

（1）不要盲目社交

社交是需要花费脑力和体力的，而脑力和体力是有限的。有些人经常出入各大饭局，看似认识了很多各行各业的朋友，却并没有真正组织起一份事业，为什么？这是在用盲目社交来填补人生的空白，以不至于堕入无聊的深渊中；是花钱、花时间来敷衍自己，始终还是处于平庸和乐的舒适圈中。而有些人，用七成功力提高自身，三成功力精准社交，所以往往能快速组织起相关的人员，拉到资源，做成事情。

年轻人是很容易在光怪陆离的新世界里迷失，陷入盲目社交的陷阱的。举一个例子，我的粉丝小 A 在高中的时候参加模拟联合国，认识了一些富二代留学党，就自以为进入了高端的社交圈。大家一起畅想国外的学习和生活，研究国外的文化和气候，抨击国内的高考制度一文不值，不屑于去努力学习。到最后，富二代们有家里的财力支撑出国，而他镜花水月一场空，真是追悔莫及。也许是对的人，但在错误的时机，还是不认识比较好。

如何避免盲目社交呢？在参加一个社交局之前，先想想局中都有哪些人？自己来参加的目的是什么？具体到在社交局认识新朋友时，也要想想这个新朋友对自己而言有什么价值？学习成长、职业发展、兴趣爱好、情绪价值，都可以。如果没有想清楚这些问题就盲目花时间去社交，还不如自己静下心来读一本书为好。书对成长的价值肯定比盲目社交要大得多。

（2）不怕麻烦别人

一个很有趣的现象是，很多关系都是互相麻烦着麻烦着，就熟悉亲近了。因为人不仅有向他人求助，完成自己目标的需求；也有为他人提供帮助，获得自我价值感的需求。例如，我作为自媒体博主，就会经常翻看粉丝的评论。有些粉丝积极提出自己的困惑和问题，我发现这些问题是具有普遍性的，就会专门制作一段视频来回答粉丝的问题。粉丝不怕麻烦我，我也觉得很开心。

而脸皮薄，张不开嘴的人，是会失去很多机会的。有些事情，尤其是专业化的流程，别人走过一遍，你去问走过的人，就能规避很多潜在的坑，免受很多细节问题的困扰。而如果自己一直默默不吭声，往往会事倍功半。信息的流通过程会带来很多价值，从 A 处获得的信息可以让你在 B 处更有话语权。无论如何，只要讲究方式方法，多问，多听，总是没毛病的。

举一个例子，如果我们精心选择了适合自己的社交场，从中结识了合适的人，那么不联系岂不是白费工夫？我曾经就在校友求职群里添加了一位学姐，我向她阐明了我是谁＋我在做什么事情＋我需要她的什么帮助＋期待日后能够共同合作，她也欣然答应我的请求。后面她在我的领域有困扰时，来向我发问，我也非常积极地去提供我知道的一切相关信息和知识。一来二去，我们的关系愈发牢固。从线上到线下，从工作慢慢渗透到生活，真的是非常美好的社交关系。

（3）不怕被拒绝

被拒绝当然会难过，我现在都记得，自己想要去认识一个喜欢的博主，却没有收到回复的悲伤。但抱着"有枣没枣，打一竿子试试"的心态就会好很多。主动发出信号，大不了被拒绝，只要自己不觉得尴尬，就没有任何损失；但如果能够顺利认识想认识的人，真的是毫无成本的收益！

在年轻的时候，其实我们普通人拥有的东西是很少的。我们的原始资本还在积累中，我们的家境不足以为我们提供资源和人脉。我们有的，就是自己的时间和知识，就是自己这个人本身。放低姿态，不要被情绪牵引，就能用自己做成更多的事情。

其实，向上社交被拒绝，或者申请心仪的工作 Offer、学校 Offer 被拒绝，本质上都是在传递一种信号：你和你想要的东西还不匹配。现在不匹配不代表永远不匹配，及时调整自己即可。换个角度来想，本就不匹配的社交圈，强行进入也无法撬动价值；本就不匹配的公司和学校，强行进入也不一定能自在做事。不如先默默投资自己，等到匹配时再进入，才能真正收获其中的奥秘。

毕竟，真正的不怕被拒绝，不是躲起来默默舔舐伤口；而是积蓄力量，敢于再次主动出击，不会畏惧再次被拒绝。我的个人实践证明，被拒绝这种事，重复十次就真的习惯了，内心毫无波澜。

### 3.4.2　向上社交方法篇

当我们明白了一切社交关系的底层逻辑都是"价值交换"，并能够从心底里养成"三不心态"后，就可以开始学习具体的方法论了。对于普通的中学生、大学生来说，不要妄想结交贵人，一步登天。因为根本接触不到那样的贵人！真正具有可行性的向上社交，是从学长学姐、校友开始。他们对于世界而言可能只是普通人，但对你而言却可能是真正的贵人，具体原因将在 3.4.3 小节详细阐释。Lily 和我建立联系的过程就是很典型的"向上社交"方法，也是我自己曾经使用过多次的方法，下面将为大家详细讲解。

（1）主动出击

我做了三年多的自媒体，积累了大几十万的粉丝，其中也有不少是我的学弟学妹。但真正建立比较深度联系的粉丝，还是极少数。大多数人的主动出击是比较浅层的，发一条私信打个招呼，通过共同群聊加个微信，或者在路上偶遇的时候，主动要个微信。这种情况你付出的少，不确定性就高，被拒绝的概率也相对会大一些。而 Lily 的主动出击简直是教科书式的模板。

首先，她非常细心地通过 VLOG 发现了我上课的时间和地点，确保能见到面。其次，见面三分情，线上的沟通虽然非常方便快捷，但线下沟通面对面的感觉还是无法被替代的。我上次这样提前调研对方的上课时间和地点，是为了能见到自己心仪的导师，最后成功保研到他的门下。

有些同学会觉得，贸然去见面是不是会比较唐突？如果你们之前有联系方式，当然是提前约定时间地点再见面为好。但如果之前是完全陌生的状态，主动出击创造线下见面的机会，真的是最高效的方式了。此时可以考虑带一点合适的小礼物，比如 Lily 当时就带了一杯果茶。让人觉得礼貌体面，又不会有压力。

当别人还在被动等待时，你选择了主动出击，就已经领先了一步；当别人还在浅层、尝试性主动出击时，你选择了比别人多用一点心，精准化主动出击，就又领先了一大步。如果能够做到知道该找谁、到哪里找、用什么方式找，那么至少在学长学姐、校友这个层面上，应该没有你无法建立联系的人了。

（2）把自己标签化

我原来极度讨厌给人贴标签，我觉得每个人都是立体的、多元的、多面的，无法用几个标签来概括。但随着接触的人慢慢增多，我发现自己无法深入了解身边的每一个人，对大多数人的印象就是几个关键词。而这个关键词，往往还不一定是有效的。

例如，我在最近一次的朋友生日聚会上认识了一些新人，我对他们的印象是这样的：A 是戴着很夸张的粉色帽子的女孩，B 是很会活跃气氛的人，C 是清华大学自动化系的硕士。

这三个关键词的有效性是逐渐增加的。我想象不到自己在什么场合会需要一顶粉色的帽子，所以我以后大概率不会主动与 A 沟通。但如果我要去参加一个比较沉闷的活动，就有可能会叫上 B 去热一下场子。以后如果想做一些与"清华大学""自动化"相关的事情，我一定会去向 C 寻求沟通甚至合作。

我只是一个没有资源背景，靠自己奋斗的普通人，就已经发现自己无法深入认识身边的每一个人了，大多数人在脑海中只剩下几个模糊的关键词。而那些更强，更有资源的人呢？如果我们不主动把自己的关键词精准化输出，即主动给自己贴标签，真的很难给对方留下深刻的、有效的印象。所以现在我一般会按下面的方法介绍自己。

我是谁。（我的名字，或者只是昵称。我现在已经很少用真实姓名来介绍自己了，因为难记。我用未央来介绍自己，朗朗上口又有一定的知名度，如果对方有兴趣去搜索我的账号，我在对方心中的价值就会进一步上升。）

我来自哪所学校，学的什么专业。（对于学生来说，学校和专业代表着你在青少年时期的努力程度、抗诱惑能力、自律程度、身体精力状况等，是一个潜力指标。即使你现在还什么都没有，但来自名校就可以让人更快记住你，甚至可能为你带来工作机会。）

我正在做什么事情，可以提供什么技能或资源。（在三句话内把我的实习经历、项目经历、工作经历、创业经历亮点讲出来，这样大家才好判断是否有合作的可能。如果没有，就简要说明自己的专业技能，比如英语水平、擅长编程等。）

友好的结束语。（例如，希望以后有机会一起做点事情等。）

具体而言，我是这样表达的，哈喽，我是未央，在北大读地理和经济的双学位，现在已经保研啦。我做知识生活类自媒体已经三年多了，全网有几十万粉丝。我刚写了一本学习成长方法论的书。之前在知名互联网企业实习做过 ToB（面向企业）的产品和 ToC（面向消费者）的运营，现在自己创业在做 ××× 相关的内容。希望以后有机会多多合作呀。

后来我的合伙人告诉我：当我用这个模板和他做自我介绍之后，他的脑海中留下了以下几个关键词：北大学霸、作家、创业者。这就是我想要达到的效果。

（3）真诚利他

越是优秀的人，越是聪明的，他们见过各式各样的人，所以和他们要小聪明是完全没有必要的。

当我们向上社交时，真诚礼貌是最基础的东西，可以体现在很多细节里。例如，每次见面时携带一些贴心的小礼物，线上沟通时礼貌地陈述和真诚地感谢。做到事事有回应非常重要！作为学姐，我经常收到很多学弟学妹们的信息咨询和资料索取。有些人的消息就非常礼貌得体，收到回复后会真诚地表示感谢，甚至会在一段时间后来反馈事情的进展，再次感谢我的帮助在事情中起到的推进作用。让人觉得，这人值得帮！但有些人则是"用人朝前，不用人朝后"。发消息很积极，回消息不积极。让人帮了一次，就不想再理第二次。

和能帮助自己的人，能建立长期关系，就不要局限在短期关系中。别人帮助你也是有沉没成本的，帮助的次数越多，就越能从小忙帮到大忙，因为帮你的人也想看看，你到底最终能做到什么程度。找到一个愿意帮助你的人本就不易，更要维护好这段关系。真诚感谢，给予反馈，其实成本并不高，收益却很大。

　　只是真诚，别人未必愿意帮你，因为大家的时间都很宝贵。想要和人建立长期关系，最重要的是要有利他思维，即我能帮助他做一些其他人做不了的事，或这件事虽然很多人都能做，但我能做得更快更好，做出差异。听起来门槛很高，但做起来却并不难。例如，对方在朋友圈里问疫苗的禁忌反应，你就可以去校医院的公众号搜集一下相关的信息，再结合自己的亲身体会，整理好发给对方做参考。再如，校友想要回母校看一看，但现在只有在校生才能预约亲友入校，那你就可以主动去帮他预约。

　　说实话，以上的例子都是我自己真实做过的。本着利他的思维，平日里多去思考自己有什么价值点，有什么信息差，保持开放的态度面对所有人。这样当你向别人求助时，才有人愿意理你。当别人向你求助，第一次也可以给予充分的支持，如果后续发现对方不值得深交，那再及时止损即可。从博弈论的角度而言，这种社交策略是非常有效的。

### 3.4.3　跟着学长学姐的步伐走

　　学海无涯，需要明灯。如果把学习旅程看作一个游戏副本，那么这个副本对于每一届学生而言都是极其相似的。有大佬已经有了通关秘籍，你不去寻找，反而自己探索，岂不是出力不讨好？玩过游戏的都知道，有了通关秘籍再自己打本，才能刷分刷纪录！从这个意义上来讲，对于学生党而言，比你大一两届的学长学姐才是最值得交往的人。也许他们对于这个世界而言只是普通人，但他们却拥有你最需要的通关秘籍的最新修订版！

　　寻找一个和你基本情况相似，且你向往他的成长路径的学长学姐，以他为目标人物，可以让你升级打怪的道路更加明确。目标是抽象的，但目标人物却是具体的。

对中学生而言，小到选哪本参考书、哪个补习班，再到一轮、二轮、三轮的复习节奏和时间规划，大到文理分科，这些都是可以通过学长学姐的信息差而"走一些捷径"的。Lily当年选择文科，就是复制了学长的成长路径，也确实取得了令人满意的结果。

中学阶段的学习压力是非常大的，学习任务是非常艰巨的。如果能沿着明确的方向和道路走，就不要摸着石头过河。过来人之所以叫过来人，就是因为能把如何过来的经验讲给你听，听一听总是无害的。

对大学生而言，学长学姐的作用就更加明显了。高中的目标和路线还是相对清晰的，无论用什么方法，就是要学好每一个科目，考取一个好成绩，如愿进入更好的学府、更高的平台。而大学是旷野，绩点、学工、社团、实习、比赛，没有人告诉你该怎么选。如何选择适合自己的课程？如何高效应对大学的考核方式？参加哪个学工能够真正锻炼自己的能力？哪个学工综合测评加分比较多？哪个社团能参与有趣的活动？哪份实习在业内更受认可？找谁可以内推实习？哪些比赛需要关注？不同比赛的时间节点、参赛重点是什么？

这些问题的答案，只有你的直系学长学姐才有。因为不同学校、学院、专业的情况都不一样，网上的资料也可能不准确，想知道具体有效的信息，就要找直系学长学姐。

本科四年除了体验美好的大学生活之外，最重要的是思考毕业之后到底该去做些什么。找工作？保研？考研？还是出国？这是四个完全不同的目标，达成这些目标的路径也大相径庭，路径上的关键节点也各不相同。所以找到一个目标人物，去看他在每个时间节点做什么事情，就能让自己更加忙而不乱，步履坚定。

站在前人的肩膀上，就能看得更远。先跟着学长学姐的步伐走，确保不掉队，再用节省下来的时间去思考更优的路径、更好的未来，岂不妙哉？而且作为同学校、同专业的同龄人，大家以后有一定概率会在同行业工作，互相扶持，彼此成就，也是一桩美谈。

第4章

# 跟理科状元学

# 二力合一

从班级第一到年级第一、全市第一、高考状元，他一步一个脚印，踏踏实实；从普通初中到重点高中、理科创新班、荣誉班、清华大学，他一笔一画书写，实至名归。这个世界上聪明的人太多了，努力的人也太多了，甚至既聪明又努力的人，都太多太多了。可添植在其中，依旧熠熠生辉。

## 4.1　钝感力+执行力——"理科状元"添植

添植是我在高中阶段最佩服的人，没有之一。他很能吃苦，是因为他不觉得自己在吃苦，让我对钝感力有了更深的理解；他凭借高中的"笨功夫"，将语文从薄弱项转化为优势项，让我对执行力有了更深的理解。

### 4.1.1　顶级钝感力：轻舟已过万重山

添植其实比我还小几个月，但我心甘情愿叫了他七年"植哥"。他真的让我很佩服。不仅佩服他的能力，更是佩服他的人品。高中三年，高一、高二我们同在创新班，高三又一起进入荣誉班，其间经历了不同老师主导的多次座位调换，但他一直坐在我附近的位置。我也算是见证了理科状元的成长之路。

添植是我见过的最能坐得住板凳的男生。高中的课间、午间，当其他男生在三五成群闹作一团时，植哥就静静坐在自己的座位上学习。他有些近视，坐姿并不标准，头垂得很低，眼睛离书本很近，连余光都不会分给外界的喧闹。他坐在那里，就好像自成结界。

在夏天的午后，大家都在昏昏欲睡时，他还能聚精会神地刷题；在冬日的清晨，大家根本起不来床时，他还能早早坐在教室里学习。在大家找各种各样的借口来为自己不想学习开脱，找各种各样的理由来说明自己考砸的合理性时，他面对妈妈突如其来去世的噩耗，依旧保持了自己年级第一的成绩。植哥妈妈的事，作为旁观者的我都忍不住掉了眼泪，何况身在其中的他自己……每当我觉得实在学不进去，快要累死了的时候，就看看身边的植哥。年级第一都那么努力，我还有什么资格"摆烂"！

每当遇到题目不会的时候，我就会去向他请教。找植哥可比去办公室找老师方便多了，而且植哥反应快，讲解起来又是同龄人视角，往往比老师还要清晰易懂呢！我做题做得多，遇到的不会的题也多，有时候问多了，我也很不好意思："植哥，会不会太打扰你啊？"植哥的情商也是很高的，如果他只回答"没事"，可能是客气，我也就不好意思再问了。但他却说："也要感谢你帮我筛选了很多好题，提出了很多新颖的思路呢！而且你一点就透，我讲起来也不费劲，给你讲一遍我自己的理解也更深刻了。"这一波"商业互吹"真不是虚情假意。高中三年，他教了我很多题，我也帮他筛选出了很多好题，互相帮助，互相成就。

高三的时候，我和植哥在同一个自习室。我早上七点到学校时，植哥已经在学习了。学校的晚自习八点半结束，等我八点四十五进入自习室时，植哥已经在学习了。从高一到高三，我们的教室从二楼到三楼再到五楼，不变的是下楼、走到校外的食堂、排队打饭、吃饭、走回学校、上楼，这一连串动作，他的用时从未超过三十分钟。

高三的寒假，我在大年初二就来到了自习室。本以为会是孤军奋战，但刚放下包就发现植哥走了进来。于是孤军奋战变成了并肩作战。有些路，一个人走会觉得有些累，但当你发现身边有人也在这样走时，就觉得没那么累了。

东北师大附中是出人才的地方。在当时，和植哥激烈争夺年级第一的是瑞神。植哥踏实、认真，专攻高考，被大家认为是努力型选手；瑞神则更加爱玩，有些傲气，高考竞赛两手抓，在数学竞赛和物理竞赛中都取得了不错的成绩，被大家认为是天赋型选手。在高三的八次大型考试中，植哥拿了四次年级第一，瑞神拿了三次年级第一。我们年级有一千三百多名理科生，其中不乏成绩优异者，但年级第一的宝座，还是几乎被他们二位承包了。

在最后的高考中，大家都在猜测是植哥会赢，还是瑞神会赢？是努力战胜天赋，还是天赋战胜努力？当时瑞神相对高调，在年级里的迷妹很多。而植哥则非常低调，与其他班级的同学接触较少。我是坚定的植哥党！植哥凭借历次大型考试优异的成绩，在高考前已经获得清华大学降至一本线录取的资格，在没有后顾之忧后，我相信以他的实力和心态，一定能取得满意的成绩。

结果是意料之外，又在情理之中。植哥和瑞神双双以 710 分的成绩，成为双状元！在高考理科状元这个层面上，只有天赋和只有努力都是不够的，其实他们都是既勤奋又聪明的人。

海明威说过："人无法同时拥有青春和对青春的感受。"我对植哥青春的感受是勤奋刻苦，但当我在植哥大学毕业之际询问他对于自己青春的感受时，得到的答案却是"我没有觉得自己很苦，也没觉得自己受过什么挫折。"那一刻，他在我心中的形象愈发高大了。

有些人很喜欢心疼自己，学几个小时就喊累，遇到一些挫折就叫苦，明明没有多大的事情，却非要把自己渲染成凄苦的样子。用掩饰为无能找借口，用借口为懒惰找理由。而植哥这类人，则拥有顶级的钝感力。比能吃苦更厉害的，是不觉得自己在吃苦。即使遭遇了挫折，也能迅速忘记不快，坦然向前。回过头时，轻舟已过万重山。

### 4.1.2 顶级执行力：聪明人的笨功夫

在脑子里推演了八百次，不如实际做一次。梦想大家都有，但想要实现梦想，还要靠执行力。我身边的学霸们，无一例外都是执行力很强的人，而植哥是有顶级执行力的人。

与很多从幼儿园开始就一路名校的东北师大附中的同学不同，植哥的小学和初中，都算不上是名校。大家都知道，语文是最需要积累的学科，植哥比较偏理科思维，再加上从小没有系统培养文学素养，所以语文一直是植哥的薄弱项。

这种薄弱，是从小学一年级开始的。植哥印象很深的是，在小学一年级的家长会上，他当时的语文老师非常自信地对大家说："不需要上任何的辅导班，我有信心一定能把大家的语文教好！"可是理想很丰满，现实却很骨感。植哥相信了，然后开启了语文作为薄弱项的好多年求学时光。

在初中阶段，这种局部的薄弱还不太影响全局。因为初中的作文偏向写故事、找感情，比如母爱伟大、父爱如山、老师让我明白……这样公式化的写作相对比较难体现出同学之间语文素养的差异。到了高中阶段，植哥进一步认识到了自己语文的薄弱。背古诗词、病句修改这类只需记忆的题型，植哥从不失分。但到了高二以后，命题转向高考题型，出现了诸如文言文选择、现代文阅读选择这样需要深入理解的题目。理解不到位，就是得不了分。加之作文变成议论文，需要有完整的论述逻辑。可以说，整张语文试卷对语文素养的要求大大提高。

不怕蠢人想走捷径，就怕聪明人敢下笨功夫。当植哥认识到自己的瓶颈在语文之后，他就用自己顶级的执行力去解决问题。在课内，他听从班主任老师的建议，去担任语文课代表。更重要的是，他充分利用语文课代表的身份，帮助语文老师——王老师收发作业、批改试卷、登记成绩，与王老师有更多接触和交流的机会，更能了解到哪些作业是重点，能以老师的视角去看待同学们的答案，能及时向老师提出自己在语文学习方面的困惑并得到解答，为同学服务，也为自己助力。在课外，他开始上语文培训班。既然语文需要多积累，那就多投入时间。他开始广泛阅读，读哲学也读文学，读周国平也读余秋雨。他开始整理积累本，把平时写作业、刷题、考试遇到的文言文实词、虚词、文化常识都整理在上面。他开始边看早自习统一播放的视频边积累素材，在作文纸条上寻找相对冷门但可用的句子，形成自己的语料库。

在理科班的氛围下，班级内绝大多数的同学重心都在数理化生。对于语文老师布置的日常作业，很多人都是敷衍的，更不要说一些延伸类的积累作业了。积累本是语文老师强调过多次的方法，但真的去执行的人已经很少，真的能长期执行直至高考的人就更少了，植哥算是一位。

一方面是技巧，另一方面是积累，在语文学习方面，植哥下的是苦功夫。

积累是慢功夫，一天、一周、一个月、一个学期，甚至一年都看不到明显回报是正常的。关键要看能否挺住，挺住意味着一切。对于顶尖理科生来说，比的就是语文！

植哥在高二下学期的期末考试，才迎来了自己语文学习生涯的转折点。以前做语文选择题时，他总觉得每个选项都有一些道理，又都有一点错误。好不容易排除了两个选项，在剩下的两个中纠结，往往选择了错误的答案。看着题，脑子里总是雾蒙蒙的，没有思绪。而在高二下学期的那场期末考试中，植哥第一次感觉，就是一个字：顺！

答题很顺，好像一下子找到了考试的技巧。之前做题的积累都不是白做的，题目中的信号词、正确答案的暗示，一下子就击中了植哥的头脑。写作文也很顺，很自然地就找到了写作思路。好像所有的题目都有方法找到一个很恰当的角度切入进去，再用一些恰当的事迹素材和名人名句，写完就感觉很好。成绩一出，果然是语文单科的年级第一！

突破瓶颈后，植哥的语文就从他的薄弱项成功转变为优势项。语文基础部分很少扣分，决定着他的分数下限很高。至于上限则要看作文部分此次的积累有没有和题目对应上。一旦对上，上限超高。

我们一起进入荣誉班后，植哥连续考了两次语文单科的年级第一。但植哥依然很苦恼。他对自己的要求很高，我不是第一次知道了。我们年级有一千三百多名理科生，有一次我考了第13名就已经很开心了，而他考了第8名依旧闷闷不乐。我在他身边开心得莫名其妙。

荣誉班集聚了全年级最优秀的理科生们，其中不乏一些文学素养很好，写东西非常有灵性的同学。当时荣誉班的语文老师是孙老师，孙老师是大师风范，不局限于应试教育，更偏爱有灵性、有风格的作文。对植哥那种一板一眼、偏正统的写作风格并不看重。

遭到冷遇后，植哥不可避免地开始怀念王老师。王老师既能把应试的技巧和套路讲明白，又鼓励大家去积累和延伸。高一、高二的时候，王老师让我们班级的所有同学依次准备课前演讲，她还会基于大家课前演讲的话题给出点评，延伸一些自己阅读和人生阅历的感悟分享给大家。潜移默化之下，大家对很多问题都有了自己的思考和观点，既有文学气息，又有生活气息。有一次，王老师谈友情时说，一般是两个人做朋友，出双入对。很少有三个人做朋友，因为很容易有一个人被相对冷落。但她们在大学时期，就有个"铁三角"。因为她们的性格互补，相处之间从不会"亲疏有别"。可见人与人之间的相处，没有固定的模式，只要彼此真心相待，不计较，不玻璃心，总能找到合适的同路人。这段话给植哥留下了深刻的印象。

植哥在刚进入荣誉班时，就感觉不太适应，找到王老师抱怨道："孙老师站位太高了，总觉得没有讲什么实际的东西。"王老师安慰道："孙老师是大师，不能指望大师手把手教你。他为你指方向，你自己做积累，这两者并不冲突。"

不过后来，年级的领导也意识到，大师可以为老师们指点方向，但具体的教学还是要让更对口的人来。荣誉班的语文老师换成了李老师。李老师的风格和王老师很像，既正统又有灵气。植哥的自信和对语文的热情很快重新燃烧起来，全班的成绩也随着李老师的到来有了一定的提升。这时候，植哥舒舒服服待在了自己的语文舒适区里。

原来，在考试前，植哥很少复习数学、物理、化学、生物，因为已经游刃有余，考前看看近期的错题即可。但他却经常因为语文而焦虑，不知道该复习什么，又觉得怎么复习都不够。后来，当他的语文积累量和做题量都上来了以后，他的自信也有了。到高三的中后期，他在考前只需要看看近期积累的名言故事和文言文，就不会感到焦虑了。等到了考场上，无论遇到什么题目，都知道该怎么切入进去。

大家都喜欢在舒适区待着，但舒适区从何而来？靠自己创造出来。凭借正确的方法和持续的执行，植哥完成了自己语文学习的逆袭之路。到高考之时，曾经折磨他最多的语文，仿佛在心上磨出了厚厚的茧，因而成为最坚硬的铠甲。

## 4.2　心理暗示法

心理学家巴甫洛夫认为"暗示是人类最简单、最典型的条件反射。"

运用好心理暗示法，就可以塑造出良好的心态，帮助我们在考试，甚至更远期的目标中取得满意的结果。在 4.2 节中，我们会看到一些学霸们有趣的"小迷信"，学习年级第一的空杯心态，并通过第三者视角的方法，重启人生！

### 4.2.1 "迷信"的学霸们

不知道大家有没有发现，身边的一些学霸们，或多或少都有点"迷信"。我简单举几个例子。

植哥在看高考考场的时候，发现天上有一朵像锦鲤的云，于是他马上拍了下来，相信这是一种好的预兆，相信自己会在高考中取得理想的成绩。然后他真的成了高考理科状元，那张锦鲤云的照片也在他的手机里存了四年。

郎哥有一支幸运笔，他用那支笔在一次重要考试中取得了非常理想的成绩。从此以后，每次重要考试他都使用这支幸运笔，没油了就换同款替芯。握着幸运笔，他的心就很坚定。算得定，拿得稳，自然考得好，赢得漂亮。

我每次重要考试之前，都要吃一个鸡蛋。因为觉得鸡蛋很有营养，会焕活我的脑子。而且鸡蛋长得很圆满，一定能给我带来好成绩！没什么科学道理，但吃了鸡蛋，我就会感觉很安心。

高考前，我们的班主任老师依次叫每一名同学到讲台前来，喊出自己的口号，然后给每一位同学一个大大的拥抱。这是我们班主任老师对每一届学生都有的仪式感，他坚信这样会给大家带来好运气。他带的班级也一直整体成绩位于年级前列。

考试是一种很神奇的东西。我们从小到大考过小测、周考、月考、期中考试、期末考试、小升初考试、中考、高考、四六级等，早就身经百战了，但我们却并没有因次数多而产生免疫。每次考试前，我们还是会紧张、焦虑，还是会想："啊！要是能眼睛一闭一睁，考试就结束了，该有多好啊！"

这些有点迷信的"幸运符"，就好像是心理安慰剂，暗示着我们"没事的，一定没问题的，一定会考得很好的。"这种安抚作用，没什么道理，却很有意义。考试这种东西，七分靠实力，三分靠发挥。好心态，才是真正的"超能力"。

其实，也不用刻意去寻找一个幸运符，关键是要给自己积极的心理暗示。

出门发现天气很好，"嗯！这是好的预兆！成绩一定会像阳光一样洒满我们的生活和未来。"

出门发现天气不好，"嗯！今日的坏运气已经在天气这里用完啦！剩下的好运气都会在考试中体现的！"

路上没有堵车，"嗯！说明今天超级顺利！"

路上堵车了，"嗯！只要按时到达考场就好，这是老天在暗示我不用着急，一会儿遇上不会做的题也不用急，结果总会是好的！"

监考老师对我充满善意，"嗯！老师的微笑也是今日好运气的体现呢！"

监考老师非常严厉，"嗯！说明这场考试不会有作弊现象，会很公平呢！"

同样的事物，不同的心态，就会带来不同的结果。"封建迷信"不科学，但"心理暗示"很科学。

### 4.2.2　空杯心态

很多同学考取一次好成绩后，就会把自己"架"得高高的。觉得自己摇身一变成为学霸甚至学神了，成绩从此以后就应该稳步上升，绝对不能下降。过度放大考差的负面影响，觉得自己"登高就会跌重"。如果考不好会让老师和家长很失望，会被同学们看不起。这样巨大的心理负担，就像孔乙己脱不下的长衫，让很多好学生折了进去。

但朋友们，须知考好一次容易，次次考好很难。考好一次就像是"帝王打江山"，你起点较低却雄心壮志，光脚不怕穿鞋的，方法对加上执行强，大概率就能拿到一次好结果。但次次考好就像是"帝王守江山"，过去的自己太优秀，好像是一个更强大的对手，逼迫着现在的自己不敢掉以轻心。越害怕跌落，就容易跌得越惨。

我们需要怀有空杯心态：如果心里的杯子满了，就无法再接受新的东西。唯有空杯，才能丰盈。正如一代武学宗师、功夫巨星李小龙所说："清空你的杯子，方能再行注满，空无以求全。"面对过去的成绩，要像"熊瞎子掰苞米"一样，掰一个扔一个，扔了才能空出手来掰下一个。

道理大家都懂，但同是年轻人，取得成绩很难不骄傲。坦白讲，我在初中的时候就是个有点傲气的小女生，当时的班主任老师还敲打过我。不过我后来见了更大的世界后，自然就变得谦逊了。我知道这个世界太大了，聪明的人太多了，努力的人太多了，甚至既聪明又努力的人也太多了。在宏观的意义上，每个人都很普通，实在没什么骄傲的资本。但即使这些认知已经刻在了我的脑子里，在高三的最后阶段，我还是自诩自学能力较强，很多基础的课都不听了，选择去自己刷题，而植哥则不同。

一轮复习的地毯式搜索，植哥细致认真；二轮复习的专题练习，植哥勤加刷题；三轮复习时，已经是第四次学习这些知识了，但即使是最简单基础的东西，植哥也会听。他一点都没有年级第一的架子，像是最笨的小孩一样，汲取着老师传递的知识点。

当然，每种学习方法都有两面性。如果像我一样，有选择地听课，好处是可以自主刷更多题，坏处是可能错过一些老师传递的易错点。毕竟好老师讲题，不会"就题论题"，而是延伸发展，旧题也能讲出新点。如果像植哥一样，认真听每一节课，好处是可以获得老师全部的精华，坏处是可能浪费时间听了很多本就掌握了的知识。归根结底，适合自己的才是最好的。我们可以在别人方法的基础上，再进行优化迭代，找到自己的方法。

当我们还是高中生的时候，方法难免有不足之处。现在回过头来再看，如果你的老师水平比较高的话，还是应该在课上基本跟住老师的思路，在老师说闲话、讲你已经懂了的知识时，再做一点相对简单的自主任务。但有一点是毫无疑问的：保持空杯心态，不要轻视任何知识。即使是最简单的知识点，也可能产生奇妙的变换，揉成一道难题。保持空杯心态，不要把自己看得太重。班级第一、年级第一，乃至全市第一，都不应该成为枷锁，而是翅膀。

### 4.2.3　用第三者视角看自己

其实道理我们都懂得。

我们知道应该努力学习，抓住高考这个能通往更高平台的大机会。我们知道应该对辛苦有钝感力，对做事有执行力，对干扰有屏蔽力，可是还是吃点苦就觉得累，做点事就想迅速看到回报，遇到突发事件就开始怨天尤人。这都是正常的心理状态，但我有一个好办法可以让我们快速充满动力，甚至重启人生。

行文至第四章，我们以第三者的视角看了未央、郎哥、Lily、添植的故事。我们发现，看待别人的故事总是耳聪目明，很容易看出利弊，寻找最优解。所以方法就是，用第三者的视角来看待自己！

想象你的灵魂离开身体，作为旁观者，你应该可以预判这具身体未来的走向。

他浑浑噩噩，不思进取，在每一个该行动起来的节点拖延下去，所以18岁的时候没有考上理想的大学。他因为高考失利而悔恨痛苦，依旧清醒地堕落着，所以22岁大学毕业，前路迷茫。他随波逐流开始准备考研，但从没有在考试上获得过自信的他，怎能成为"内卷"的胜利者？所以23岁时，他二次考研失利，身心俱疲，艰难求职，四处碰壁。25岁时，他做着不喜欢的工作，承担着高昂的房租，看着身边优秀的同龄人，麻木的心开始隐隐作痛。28岁时，他在父母的催促下开始相亲，和合适的人按部就班地结婚，像工具人一样在婚礼上露出标准的假笑。还是28岁，刚结婚就被催生，他想以忙事业为借口，却发现哪儿有什么事业可言？29岁时，他为人父母，自己的梦想还没来得及开始，就被生活的琐碎埋没。从此，少男少女的梦被装进盒子里，转过身安抚嗷嗷待哺的婴孩。35岁时，他的孩子开始上小学。41岁时，他的孩子开始上初中。44岁时，他的孩子开始上高中。46岁时，他的孩子开始冲击高考。他告诉孩子"要学习啊！要努力啊！"孩子不屑地说："你当年怎么不学呢？现在凭什么来管我？"他51岁时，孩子大学毕业，开始重复如他一般平庸的生活。他劝慰自己：平凡可贵，终于可以退休了。可55岁时，孙子出生了，他开始了新一轮的带孩子，无休无止。到80岁闭眼时，他不知道自己是从哪一刻开始弄丢了自己的人生，或者说他的人生从来就没有开启过。

现在睁开眼睛，你的灵魂知道，他就是你。

而你现在可以改变这一切。

心理学家梅尔·罗宾斯有一本书叫作《5秒法则》。书中介绍："你的需求和行动之间，并不是直接关联的。它们中间还隔了一层：你的感受。你的感受把你的需求和行动之间的关系搞得很复杂。当你想做某事时，'累了''困了''心情不好了'，你的这些感受会迅速袭来。让原本想到就立马去做的直线距离，变成了一团乱麻，难以通行，让真正的行动变得遥不可及。"

但这是有解法的，解法就是"5 秒法则"。当你的需求出现时，屏蔽掉你的感受，构建起一个"发起仪式"。就像马拉松比赛前裁判的枪声一样，你可以在心里默念"5、4、3、2、1"，然后迅速开始行动。这简单的 5 秒，可以帮助你从内耗的感受中解脱出来。一旦行动起来，你会发现，重启人生原来如此简单。

## 4.3　"老师使用指南"

权威者低头欺辱仰望者，太轻松也太残忍。因为有害群之马居高临下地去伤害未成年人，所以我们强调老师的"工具属性"与"使用方法"。但请相信，绝大多数老师都是值得我们尊重的。巧用"吸引力法则"，带着善意的预设去解读老师的行为，捕捉老师的闪光点，就能吸引美好的一切，和老师一起闪耀！

### 4.3.1　老师的工具属性

我们每一个人从小到大都会遇到很多老师，可"经师易求，人师难得"。这一小节的标题是老师的"工具属性"，但这绝不是在物化老师，也不是对尊师重道的反叛。恰恰相反，我认为老师的水平也许有差别，但老师之所以能成为老师，总是有他的专长。我们要尊重、学习，取其精华，铸造自身。这里所说的"工具属性"，其实每一个人都有。

外卖小哥的工具属性是外卖的运输，农民的工具属性是耕种粮食，厨师的工具属性是制作美味佳肴，程序员的工具属性是敲代码，医生的工属性是治病救人，学生的工具属性是吸收知识，而老师的工具属性则是传授知识、答疑解惑。每一个社会身份都是为社会平稳发展而创造的工具，而工具属性则是这些社会身份创造价值的方式。在这个意义上，工具属性只是分工不同，没有高低贵贱之分。

我为什么要强调老师的"工具属性"呢？是因为一位粉丝的私信，她说："姐姐，我们物理老师很不喜欢我。他说我长得很像他讨厌的姑妈。我好委屈！我明明什么也没有做错，却要承担这一切。上课我明明第一个举手了，他却不叫我。我每次考试考不好，他就在全班同学面前阴阳怪气地骂我。他看我的眼神总是充满了恶意，搞得我很害怕上物理课，也不喜欢学物理了。这次期末考试的物理成绩严重拖后腿，我该怎么办啊！"这不是个例。

各行各业都会有害群之马，这就是我强调"工具属性"的原因。曾经我们不分青红皂白把老师摆在高高的位置上，所以其中的害群之马才能居高临下地对未成年人施以伤害。一个本来有着无限可能的年轻人，因为一个老师而丧失对一个学科的兴趣，因为一个学科的失利而影响进入更高平台的机会，何其可惜！母慈子孝，是要母亲慈爱，子女才会孝顺。同理，只有老师值得尊重，学生才会尊重老师。亚里士多德说过："吾爱吾师，吾更爱真理。"如果老师背弃真理，那学生当然有权利不爱老师。

在大多数学霸的眼中，有工具属性的即为资源。练习册是资源，模拟卷是资源，教案是资源。从这个意义上看，老师也是资源。你在使用资源、工具时会带情绪吗？不会。你不会因为练习册的纸张划伤了你，就怀疑是自己不好，所以也不应该因为老师不喜欢你，就怀疑自己不适合这个学科。

老师也是人，也会有情绪，也不是永远公正和理性，也会有错误的判断。一个值得学习的心态是，允许一切发生。允许老师因为一些莫名其妙的原因不喜欢你，正如允许这个世界上的任何一个人不喜欢你，允许这个世界上的任何一件事发生一样。老师是否喜欢你、看重你，与你是否学好这个学科之间，不应该有直接关系。

如果老师欣赏你，别辜负他的信任，去努力学习这个学科吧！

如果老师无视你，甚至讨厌你，更要学好这个学科来证明自己！

请相信，凡事发生皆有利于我。在我们的世界里，我们才是主角，其他人只需明确他的工具属性即可，真正需要在意的人远没有那么多。

### 4.3.2　老师的不同类型及"使用方法"

老师的性格特点、讲授方式、教学风格、待人接物也许有些不同，但绝大多数老师还是怀着教书育人的理念，勤勤恳恳完成本职工作的，他们是值得尊重的老师。但在工具属性的意义下，还需掌握"使用方法"。用大菜刀切番茄，未免沉重笨拙，这不是大菜刀的问题，而是使用方法的错误。准确判断每一种工具的特点，用恰当的方式来达成自己的目标，方为上策。

在高三的第二学期，我们的很多老师表示，其实顶尖学霸的天赋和努力，已经超过老师了。那些学霸们在两个小时内就可以答满分的试卷，老师们其实是做不到的。但学霸们依旧能从老师们身上学习，因为那些陪伴一轮又一轮学生备考所沉淀下来的技巧和方法，是学霸们最需要的。请相信，绝大多数的老师都是可以帮助我们的，尤其是在好的平台。

植哥曾不止一次表示过对东北师大附中老师们的感谢。他是从普通初中考上东北师大附中的，更能感受到平台的差距。附中的首任校长陈元晖先生早在七十多年前就为附中教师的专业发展指明了方向：附中教师应当是教育家，不要做教书匠。所以我们的很多老师是有育人的责任感的，是有教书的灵气的。但即使是人民币，也不是人人都爱。每一位老师，即使再优秀，自然也不是适合所有学生的。我们可以分类讨论。

1. 特别强的老师，拥抱他

有一些特别强的老师，是所有学生都会有强感知的。例如，我们的语文老师王老师，虽然我不是她的课代表，和她的接触也不算特别多，但依旧受益无穷。她能把课本上的知识讲透讲活，还能延伸出有灵气的内容。她会给我们讲解语文考试的套路和模板，把她为自己儿子准备的高考作文素材分享给我们，只要上了她的课，就能带着对语文的兴趣提升语文考试的技能。她下达的任务，没有一个是重复机械、无意义的。她让我们做积累本，即使很多同学最终没有坚持下来，但不得不承认，如果能坚持下来，一定非常有帮助。她也会批评不按时完成作业的同学，但即使是被她批评的同学，也很难去记恨她，因为她严厉中带着温柔。

我就曾感受过那份温柔的救赎。刚升入高三的时候，我的成绩突然有波动，失去了很多高校的橄榄枝。王老师约我聊一聊，先关心我的心理状态，用经验和案例安抚我的焦虑和迷茫；再拿着我的语文试卷帮我分析，哪里还可以提升，如何去提升。她像妈妈般轻轻地抱了抱我，我的眼泪就没有忍住。在那段最痛苦并失去信心的日子里，是她帮我撑了撑，然后我就撑住了。

王老师帮过我，帮过植哥，也帮过班里的很多同学，甚至帮过年级里的同学。有这样的老师，是学生的幸运。因为方向和路径已经明晰，只需执行。心里有太多不确定，太多想做的事又不知道从哪里下手，就会内耗。但上课就能有收获，下课完成作业就能有提升，实在是太简单而愉快了。这就是好平台的意义，有好老师，就能高效提升。

2. 有可取之处的老师，取其精华，去其糟粕

但"完美"的老师总是少数，多数的老师有自己擅长的地方，也会有

相对薄弱的地方。例如，有的老师讲题非常细致，会把每一个细节都抠得很死，但就会花费太长的时间，上课会觉得有些无聊；有的老师讲课循规蹈矩，讲题按部就班，很容易总结出模板来，可复制性强，但讲一些创新题和活题的能力就会弱一些；有的老师思维敏捷，能解出各种偏难怪题，但步骤会有些跳跃，跟起来就会比较吃力。硬币总有两面，这才是事物发展的常态。

面对这种情况，可以先用一个月左右的时间去摸清老师的风格特点，然后有选择地学习吸收。例如，老师讲题细致，那就仔细听他讲压轴题，已经会了的题不再听，去做自己的事情；老师讲课有模板，那就总结套路，为我所用；老师能解出难题，那就沿着老师的思维轨迹走，去模仿甚至超越。

学霸们，大多是既听话，又有自己主意的人。

3. 不合适的老师，尽量不要被影响

有些老师水平不太行，或者他能教给你的东西本来就是你所掌握了的，这就是不合适。不合适是很正常的。强如理科状元，也会遇到不合适的老师。坦白讲，老师水平不行会对学生有影响。因为学生要听课，如果老师讲的东西不合适，学生就会听得很痛苦。即使不听课，去做自己的事情，也会被课堂的声音干扰。我们能做的，就是自己制订学习计划，合理安排任务，把相对简单的任务放在不合适的课堂上，尽量不要被影响。

关于自己制订学习计划，要感谢互联网时代。互联网有浩如烟海的学习经验分享，那些考入国内外顶尖名校的学长学姐，以图文或视频的方式，手把手教你学什么、怎么学。选择适合自己的方法和节奏，把别人的输出内化为自己的输入。在输出和输入之间，就是成长。互联网还有数不胜数的学习资料，很多重点高中的资深教师，会分享整理好的套路和模板，会发布精讲视频课程。也许良莠不齐，但精挑细选之下总有宝藏。强如文科状元 Lily，都能从网课中受益，说明资源本身的价值是很高的。资源就在那里，可很多人却不知道利用，无异于珍宝就在脚下，我们却跨越万水千山去淘金。

关于合理安排任务，把相对简单的任务放在不合适的课堂上，举一个毛泽东同志的例子。众所周知，读书是毛泽东一生的爱好，也有很多故事流传：青年时期，他为锻炼专注力而于街头闹市中读书；战争时期，无论多么危险与艰苦他都没有放弃读书；新中国成立后，他更是将床铺的一半都留给了图书。可见，如果你真的想读书，那就没有什么可以阻拦。

朋友们，共勉！

### 4.3.3　谨慎使用"老师使用指南"

关于这份"老师使用指南"，我还是要提醒大家：在使用时要慎之又慎。

对于绝大多数的学生来说，你的老师都是走在你的前侧，有能力引领你的。想要正确使用本指南，关键是要准确识别老师的风格和特点，再基于此去调整自己的策略。而这份识别能力，并不是每一个同学都具有的。很多事情看别人做起来容易，空口指导也简单，但自己实践起来却很难。

什么也不懂不是最可怕的，虽无知，但谦逊，认真执行老师下达的正确任务，至少不会太差。一瓶子不满半瓶子乱晃，耍小聪明又特别有主意，才是最可怕的。

我不得不举一个反面案例来警醒大家。

小 A 是一个有点小聪明的人。他自认为看老师第一面就知道这是个什么样的老师："B 老师讲话太慢，听课效率多低呀。不听，听了也是心烦，不如歇一会儿。C 老师有时候讲难题都能把自己绕进去，水平太差，还得靠自己，他的科目就自己刷刷题吧。D 老师是新来的，经验不足，鼓励鼓励他，多和他互动吧。"但以上只是小 A 同学自己的想法，事实是 B 老师经验丰富，会讲很多易错点，不听就是大概率会错。C 老师只是偶尔一次突然遇到难题，蒙住了，但整体水平很高。D 老师因为 A 同学喜欢接话，经常在课堂上被打断。最后为这一切埋单的，只能是小 A 日益减少的分数。

小 A 不是个例。说句难听的大实话，青春期的很多主意都是小聪明，而不是认知到老师无法给自己需要的指导，进而去想办法。绝大多数人，还是需要老师的指导和约束的。4.3.2 小节所述的老师不同类型及"使用方法"，是希望大家能带着善意的、用发现美的眼光去看待老师，去寻找老师能帮助到自己的地方，然后就会被帮助到。正如吸引力法则所描述的，你关注什么，就吸引什么。你的关注会放在好的事情上，也会放在坏的事情上。但正能量吸引的是正能量，负能量吸引的也只能是负能量了。多多关注老师身上的闪光点，才能和老师一起闪耀。

这样说"吸引力法则"，大家可能觉得有些玄学。举个生活中的例子，有时候我们早上有重要事项，所以会定闹钟，但我往往在闹钟响起前几分钟就自然醒来了，醒来后也不会觉得特别困。这就是吸引的力量，是人的思想与感受指引了行动。我们会被同频的人吸引，身边的事物也会随着自己的变化而变化，正所谓"物以类聚，人以群分"。

所以，我希望我们都应预设我们的老师是优秀的老师，预设自己可以从老师身上学到很多知识和方法，然后再去看问题。很多事情就会被按照好的方向来解释，我们的关注点就会在正向的事物上，美好的一切也会被我们吸引。

### 4.3.4 小老师法

如何判断自己真正掌握了一道题？请看图 4.1 所示的掌握题目的三个层级。

能在课上跟住老师的思路，听懂一道题，没有卡点，是第一层。但听懂不等于会做，很多步骤繁杂的题目要分好几个环节，环节与环节之间的衔接才是学问。课上听懂，完全有可能在课下只能部分复述。

能在课下自己独立解出题目，逻辑清晰，步骤完整，是第二层。但能解出不等于完全掌握，一道难题往往有多种解法。如果只是背题目、背答案，那么遇到变式就完蛋。题目是一片汪洋大海，盲目冲进去很容易淹死。即使刷过再多的题，在中高考等大型考试中也绝无可能遇上一模一样的原题，还是要真正理解题目考查的核心才行。

能像讲课一样把题目教给别人，并且回答别人基于这道题产生的各种延伸问题，是第三层。到这一步，不仅掌握了题目本身的核心，还掌握了题目的外延，这才是我们要追求的目标。

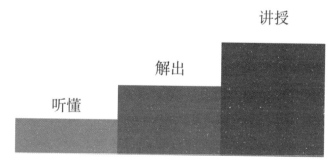

图4.1　掌握题目的三个层级

我时常觉得，再没有比"讲授"更好的学习方法了。我将它命名为"小老师法"：自觉承担老师的"工具属性"，在讲授的过程中学习。

上中学的时候，总有一种老生常谈的论调，说女孩子不适合理科，女孩子没有后劲。我就很不服，文理分科的时候坚定选择了理科。每次拿着草稿纸推演复杂的公式和逻辑时，都觉得很酷。数学理综考高分时，觉得特别自豪。更开心的是，很多同学会来找我问题目。有时候同学问的题目我还没有做过，为了面子，我不允许自己说不会，就说先看一下，一会儿再聊。然后开始仔细研究这道题，把里里外外都想清楚，避免自己被同学问住。看着同学一脸的崇拜，听着同学真诚的感谢，真是爽死我了！当时班里最漂亮的小姑娘，也因为经常找我问问题，成了我最好的朋友。

也许一开始是出于好面子，但后来我发现，这种方法真的很好用。有些时候，因为作业量比较大，一些题目我用倒推法算出来就过去了，其内核并没有想清楚。但同学的询问就会逼迫着我再去认真思考一遍，没办法，谁让咱的人设是"不藏私的热心学霸"呢！发现"小老师法"好用之后，我就开始刻意立住我的人设，每次考试前宣扬自己已经复习完备了，欢迎大家不懂就来问！在大家的询问中，我高效完成了查缺补漏的工作。和大家互帮互助，人设越立越稳。

我不是个例，植哥也是"小老师法"的实践者。他帮我解答了很多我最不擅长的化学题，提升了自己的知识和能力，也收获了我这个忠实的"事业粉"。

行文至此，我猜很多同学在暗自腹诽：成绩一般，没人来问问题，也没能力帮别人解答，怎么办？可以当自己的小老师呀！上完一天的课后，想象自己是父母为自己请来的金牌家教。拿出一张空白的 A4 纸、一支笔，为自己梳理一下当天薄弱科目讲授的关键定义、定理、例题，发现卡住了就去翻看课本和课堂笔记。边讲可以边向自己提问，被提问后就想办法去解答。在"小老师法"中，我们既是老师，又是学生。虽然听起来有些"人格分裂"，但很多围棋大师都会如此，或执黑子，或执白子，与自己对弈。

自己最了解自己，最知道自己哪里不懂，最知道怎样能让自己理解，自己就是自己最好的老师。请相信自己！

## 4.4　天赋与努力之论

被神化的天赋，其实暗藏危险。而努力本身，其实就是一种既稀缺，又能加分的天赋。大家经常被天赋与努力之间的关系困扰，但其实绝大多数人的努力都达不到需要论及天赋的程度。用好"相对天赋"，争取拉齐短板，才能触摸自己的上限，而这已经足够。

### 4.4.1　天赋的潜在危害

天赋当然是好的，是可贵的，是值得珍惜的。但对天赋的渴望不应该是痴的，是盲目的，事物都有其两面性，天赋也不例外。

王安石的《伤仲永》有言。

金溪民方仲永，世隶耕。仲永生五年，未尝识书具，忽啼求之。父异焉，借旁近与之，即书诗四句，并自为其名。其诗以养父母、收族为意，传一乡秀才观之。自是指物作诗立就，其文理皆有可观者。邑人奇之，稍稍宾客其父，或以钱币乞之。父利其然也，日扳仲永环谒于邑人，不使学。

余闻之也久。明道中，从先人还家，于舅家见之，十二三矣。令作诗，不能称前时之闻。又七年，还自扬州，复到舅家问焉。曰："泯然众人矣。"

王子曰："仲永之通悟，受之天也。其受之天也，贤于材人远矣。卒之为众人，则其受于人者不至也。彼其受之天也，如此其贤也，不受之人，且为众人；今夫不受之天，固众人；又不受之人，得为众人而已耶？"

天赋强如仲永，五岁主动要来笔墨纸砚，写诗兼具文采和道理，却依旧在蹉跎后，泯然众人。何况绝大多数的普通人呢？我在小学学奥数时，遇见很多非常聪明的同学，他们在一百多人的大教室里坐在第三排、第四排，既能和老师互动，又能偷偷玩手机不被发现。那时候我好羡慕他们，觉得他们随便一听就能听懂，随便一做就能做对，与我的大脑构造仿佛完全不同。人和人之间的智商差距，好像比人和猪之间还大！

后来我凭借努力和方法，在小升初时和聪明的同学们一起考入了东北师大附中的贯通班。他们都是入学前就赫赫有名，被老师和同学提前认识的佼佼者。看着他们轻松自如的样子，我害怕自己相形见绌，于是认真听讲，积极完成作业，及时复盘调整。在入学的第一次大型考试——期中考试中，我就考了两个贯通班的第一名，然后我就对天赋"祛魅"了。

什么是天赋呢？天生自然的能力。例如，算数很快，精通各国语言，逻辑思维很强。可这些都是可以后天训练的。小学时多做几本口算题卡，算数自然就快了。语言形成期就在各种语言环境下锻炼，自然就会读会写会说了。进行逻辑思维训练，打辩论拆稿件，表达能力自然就强了。"无他，唯手熟耳。"

我们总是喜欢夸奖一个小孩子"聪明"，可我却觉得太早就让小孩子意识到自己很聪明，并不是什么太好的事情。在心智不成熟的时候，如果发现自己能够做事更快更轻松，很容易骄傲自满，很难养成优秀的学习习惯。当一切来得太轻松时，人总是很难去珍惜。

贯通班的学生们在太小的时候就被打上"聪明"的印记，但高考的结果却不尽如人意。在中考前，学校将两个同级别的贯通班，依据学校单独考试的成绩重新分成了 A 班和 B 班。最后这两个班的极差非常大。A 班考入清华北大十余人，B 班无一人考入清华北大，甚至有人去了双非一本。那可都是当年被认为非常聪明的小孩啊，命运多变。

不要神话天赋。我们好像总是喜欢造神又毁神，不去尊重事物客观发展的规律。例如，韦神：他头发蓬乱，背着黑色双肩包，手里拿着一大瓶矿泉水和两个馒头，因以这身行头接受采访的视频而爆火全网。他就是北京大学助理教授、北京大学数学科学学院微分方程教研室研究员韦东奕。爆火后，关于他的小故事层出不穷。据说有一个 6 人的博士团队，在研究学术课题时遇到重大问题，迟迟无法突破瓶颈。整个团队绞尽脑汁 4 个月，依旧没有方案。于是拜托北大的同学帮忙联系韦东奕求助。谁知韦神一出手，问题就迎刃而解了！博士团队想要给韦神报酬，可韦神坚决不收。因为觉得问题太简单，没必要收费。单枪匹马抵过团队作战，一时成为神话。

后来，诸如此类的故事越来越多，韦神被吹得神乎其神，韦东奕不得不亲自出面辟谣：都是假的！然后舆论开始反扑：将韦东奕与同期数学家进行比较，质疑他的学术，抨击他的生活能力，甚至从择偶的角度上去对他挑挑拣拣，何其可笑。这种"捧杀"后的"棒杀"！纯粹的数学家可以顶住，普通人情何以堪！天赋是一个人的潜力，决定着人的上限。但多少人穷尽一生也无法触摸到自己的上限啊！何必以天赋论英雄。

### 4.4.2　努力本身就是一种天赋

努力好像经常被摆在天赋的对立面上。我做自媒体以来，经常有粉丝问我："姐姐，你觉得天赋和努力哪个更重要呢？"我的回答是"努力本身就是一种天赋。"而且努力是一种具备稀缺性，能加分的天赋。

1. 不是每个人都能做到努力

　　"内卷"是近年来很火的网络流行语。百度百科显示，内卷原指一类文化模式达到了某种最终的形态以后，既没有办法稳定下来，也没有办法转变为新的形态，而只能不断地在内部变得更加复杂的现象。经网络流传，很多高等学校学生用其来指代非理性的内部竞争或"被自愿"竞争。现指因资源有限，想获取同样的资源就需付出更多的努力，从而导致个体"收益努力比"下降的现象，可以看作是努力的"通货膨胀"。

　　但随着一波又一波的舆论发酵，"内卷"开始被异化。一些自己没有能力和动力持续努力的人，开始用"内卷"一词阴阳怪气地诘难"正常努力"的人。在上中学时，课间、午间我总是在学习，同桌问我："你还在学习呀？"我头都没有抬起来，手也没有停下，只是礼貌地回复："是呀。"上大学后，当我做课堂展示时，同学们也经常会感慨："真是卷王啊。"我把这当作对我努力付出的夸奖。为什么要因为自己努力而自卑呢？通过努力辛辛苦苦获得的成绩，就比通过聪明轻而易举获得的成绩更卑贱吗？

　　有粉丝私信我："姐姐，每当我课间学习的时候，同学们就说我好卷啊。搞得我只想偷偷学，甚至不想学了，怎么办啊！怎么能不被他人的评价影响啊？"我当时举了自己面对同样评价后的反应为例，但是我想说一句大实话：不要为自己不想努力而找借口了！

　　当你想玩游戏的时候，父母可能会催促你："你又在玩游戏呀？就知道玩！"你会因此而感到不想玩了吗？大概会觉得父母好烦，坚定了不要被他们影响，因为你本来就想玩。那为什么"你又在学习呀？好卷啊！"就能让你不想学了呢？因为你本来就不想学，所以室内温度太高会让你心浮气躁，附近的人太吵会让你心烦意乱，所有的一切都可以成为你的借口，让你可以心安理得地说："不是我不想学！是受环境的影响！是受他人的影响！"这是人类自我保护的"合理化机制"，是指当人类在面对自己或他人的行为时，通过寻找一些合理的理由，来解释这些行为和情况，以达到自我保护的目的。例如，犯错的时候，拼命为自己找借口，来减少自责、自卑等负面情绪。

当我写下这一小节内容的时候，我和朋友正在一家咖啡店一起工作。旁边桌的七八个女生正在边吃甜筒边大声聊天，朋友在用笔演算专业课的内容，我在码字写书，没有谁会被谁影响。

是的，努力本身就是一种天赋，具有稀缺性。因为不是每一个人都能坐得住板凳，不是每一个人都能耐得住寂寞，不是每一个人都能勇敢扯下自己的遮羞布，告诉自己：是我现在不想努力，不是别人不让我努力。因为你知道的，你知道那些说你内卷的声音要么是玩梗，要么是不怀好意。

2. 努力是"加分"的那种天赋

为什么聪明是可以拿来炫耀的天赋，而努力却要藏在暗处偷偷摸摸？聪明就比努力更高贵吗？不然。世界是因为众多普通人各司其职才能平稳运转的，而这个世界上的绝大多数工作，都不需要绝顶的聪明，更需要踏实的努力。

写到这里，我去翻阅了自己加入的一些北大同学们自建的内部求职群，发现群内发布的 JD（Job Description，职位说明）中，除了专业硬实力方面的要求外，在软实力方面的要求，最多的就是"踏实"。

某知名互联网企业：要适应工作强度，踏实有耐心。

某国企：要踏实专注，做事靠谱。

某金融机构：要认真踏实，有耐心。

为什么呢？因为大家都知道，踏实的努力是最强的加分项！你的努力投入哪里，哪里就会有提升。

植哥在高中阶段可以说是学习上的六边形战士，语文、数学、英语、物理、化学、生物全无短板。哪个部分稍弱，他就用努力去提升它。每次考试都像闯关，而他往往能打败大 BOSS，成为排行榜上的第一名！学习就像打游戏一样，又累又爽！我们也可以学习模仿。

人的时间和精力是有限的，盲目努力就是吃力不讨好。BOSS 不会因为你在找到他之前已经走了足够远的路，就对你手下留情。所以我们只能巧用脑筋去寻找能更快、更省力地到达 BOSS 藏身之地的路线，这就是通关攻略的重要性。在 3.4 节，我们学习了"目标人物法"，目标人物的成长轨迹，就是最好的通关攻略。而既具有稀缺性又能加分的努力，将是闯关之路上的最佳个人技能。

### 4.4.3　触摸自己的上限

天赋经常被我们当作借口来掩饰自己的懒惰和平庸。但天生万物，各有所长。

经济学中有一个名词叫"比较优势"，是指一个生产者以低于另一个生产者的机会成本生产一种物品的行为。如果一个国家在本国生产一种产品的机会成本（用其他产品来衡量）低于在其他国家生产该产品的机会成本的话，则这个国家在生产该种产品上就拥有比较优势。说得直白点，就算 A 国全面碾压了 B 国，但其人力、物力、财力总是有限的，B 国依旧可以通过生产自己擅长的东西来和 A 国合作，使得双方都受益。

类比一下，我想提出一个概念，叫作"相对天赋"。即使你全科都考不过班里的学霸，也总会有相对擅长的科目吧？在擅长的科目上，我们投入的时间较少，收获的成绩却较好；我们学起来相对没那么痛苦，甚至还有一些深入学习的兴趣。

最理想的教育，当然是每个人都能去学自己感兴趣的东西，将来做自己喜欢且擅长的事业。但这太难实现了，我们只能在现实的牢笼中去尝试触摸理想的边界。竭尽全力，去触摸自己的上限。具体怎么做呢？

发挥相对天赋，争取拉齐短板。

你的上限，是由你的相对天赋决定的。相对天赋也并不局限在语数外理化生政史地这些基础学科里，有可能在更广阔的天地。我们能做的，就是先通过应试来登上更好的平台，让自己有机会去发现自己真正的天赋，然后广阔天地，大有可为。

坦白讲，高中时我非常不喜欢化学。甚至在大学选专业时，我直接和负责志愿咨询的学长说："大学哪个专业可以完全不学化学？我一点都不想再学化学了。"当时负责接待我的恰好是北京大学化学与分子工程学院的学长，后来熟悉了，他还经常拿这个打趣我。

我不喜欢也不擅长化学，这并不影响我在高中时期把优势学科——语文、英语、生物上节省下来的时间，全都拿去添给了化学。因为我知道，我得先忍耐，把化学提升到至少不拖后腿的水平，我才有可能找到自己真正的天赋，触摸自己的上限。

然后我去了北京大学，发现了自己的天赋在于写作和表达，于是我做自媒体、出书、开公司，努力做一个现实主义梦想家。

第5章

# 从抑郁到自冷，
# 从小城到北大

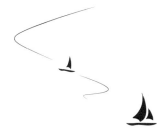

如果上帝关上了你的窗，堵上了你的门，熄掉了你的灯，别怕，他可能是要推出一个巧克力蛋糕，蛋糕上插着蜡烛，泛着柔和的光晕，祝你一生快乐！走过孤独的夜路，挨过未知的孤独，尝过人间的恶意，才会明白与自我和解者自洽，抱有理性者明智，疼爱自我者幸福。祝你我自洽、明智、幸福！

## 5.1 走出抑郁，迎来新生——"自救女孩"市谷蓝

"抑郁""学渣""病人"，这些残忍的标签曾被一双双看不见的手强行贴在了市谷蓝的身上，让她无处可逃，无话可说。家庭、学校、感情、个人的多方压力，将她拖向抑郁的深渊，挥刀指向无罪的她。而她决心做出改变，艰难自救，迎来新生。现在，有很多人爱她，因为她非常值得。

### 5.1.1 小鹿般的女孩子

"嗨！你回来啦！"当我回到宿舍，在钥匙的响声后，就是市谷蓝可爱的声音。如果没有声音，那她一定在画画。显示器加上触控板，构筑起她丰盈的精神世界。

市谷蓝是我的大学舍友。她留着可爱的蘑菇头，带着点南方口音，讲话总是慢慢地、软软的，眼睛像小鹿一样清澈。她喜欢二次元和游戏，特别擅长画画，每天都会画好多好多张。她的床位在门口，当她拿起笔就好像进入了自己的世界，我们这些舍友进出宿舍都不会影响到她。图5.1和图5.2都是她的画作，自己设计人物，再一笔一笔画出来，多么了不起！市谷蓝之所以叫市谷蓝，是因为她初中最好的朋友喜欢写小说，还把她也写进去了。她在小说中的名字是市谷蓝（市ヶ谷蓝），然后这个昵称就一直用到了现在。

图5.1  市谷蓝的画（一）

图5.2  市谷蓝的画（二）

因为我们的宿舍不是上床下桌，而是上下铺，她又正好是我下铺，所以我总是戏称，她是"睡在我身下的女人"。她就会笑着说一句："什么鬼？"同寝室一共四个人，大家来自天南海北，或多或少会有点自己的小个性，我们也都会互相迁就，互相忍让。只有市谷蓝是最好相处的，没有任何需要大家迁就的地方。

她比较"宅"，除了上课和取外卖外，基本待在宿舍里。戴着耳机写作业，累了就打打游戏，画一会儿画，或者去床上睡一会儿。当我们丢三落四忘带钥匙的时候，总是她起身来帮我们开门。平时宿舍换桶装水，也都是她打电话来联系的。虽然她平时不爱出门，但当我心情不太好想要出去吃饭聊天的时候，她又总会陪着我去。我们一起吃烧烤、意面、火锅，一起聊绩点、猫咪、家庭、未来……她是我的吃辣搭子、聊天搭子、玩耍搭子。她是温柔又有点忧郁的，可爱又有点笨拙的。所以我一直很好奇，在我认识她之前，她有着怎样的故事呢？

市谷蓝来自广西柳州，一个慢节奏又浪漫的南方小城。小城慢悠悠的生活节奏让她做事情总有自己的节拍，画自己的画，学自己的宇宙。不去争抢，不干扰别人也不被别人干扰，不多言语下潜藏着一颗酷酷的心。小城的资源有限，集中在那么一两所学校。可以说考不上重点高中，考入北大清华的概率就非常低了。

但那可是又酷又可爱的市谷蓝呀！考入重点高中还不是"手掐把拿"？高一刚入学的第一次大型考试，在一千多名学生中，她就考了年级第二！可谓是春风得意马蹄疾，一日看尽长安花。

小鹿行走在自己的森林里，总有自己的"奇遇"。在高一的下学期，她遇到了一个美好的人，拥有了一份纯粹的喜欢。两人每天形影不离。一起上学放学，一起吃饭聊天，互相交换日记，手牵手就能收获安定的力量，彼此支持，相互鼓励。高中的学习压力虽然很大，但日子就这样简单纯粹，平静美好。

烂漫不过世间花，慢煮光阴一盏茶。

### 5.1.2　跌入深渊的小鹿

可最美丽的往往最危险。赤子之心哪懂光怪陆离？在市谷蓝看来，喜欢一个人，发乎情止乎礼，并不是什么见不得人的事情，根本不能称之为一个问题。所以她没有刻意隐瞒其他舍友，也没有隐瞒所谓的朋友，然后闲话四起，她就经受了她从未想象过的一切。

舍友知道了，同学知道了，老师知道了，家长知道了。

家本是避风港，可反过来更能撕碎孩子最后的伞。当退路不再是退路，受伤的孩子又有何处可逃？被发现，被告诉老师，被请家长，这一连串动作的结尾，使她最后的期盼也熄灭。她的父亲是爱她的，可也是非常爱面子的，会在情绪激动时说很过分的话。她的父亲，在校门口气势汹汹地骂了一顿她喜欢的人，然后带着她头也不回地走掉了。她祈求着，能不能把写满心事的日记本拿回来，守住自己最后的一点体面。然而，随着时间的流逝，却没有任何关于日记本的消息，可能是被家长丢掉。每当她想起珍贵的日记本可能被像垃圾一样丢掉了，她就感到心如刀绞。很美好的东西被损坏了，很美好的感情也破碎了。原来水晶被摔碎在地上，会是一地鸡毛。

欣赏美好的人、事、物，是人类的本能。如何对待这种本能，往往对青少年的成长至关重要。宜"疏"，不宜"堵"。市谷蓝原本认为自己是无罪的，也不需要抱歉。可当大家都觉得她有罪时，她不得不有罪了，最后连她自己都相信她是有罪的。

抑郁是积攒的，也是瞬间的。像开了阀门的洪水，汹涌而来，淹没一切。从外表来看，她是正常的，作息规律：晚上十一点躺在床上，早上六点起床，正常上课、吃饭，被接回家。可实质上，她是抑郁的，整夜整夜睡不着，越睡不着就越焦虑，失眠的痛苦挥之不去。白天，她开始不知道自己在做什么，一整天都在发呆。确实在上课，可老师的嘴一张一合，她却完全听不懂在说些什么。确实在吃饭，可一口一口塞进去，她却根本食不知味。她把一切都怪在了自己身上，自己和自己生气。一面背负痛苦，一面装作正常。她根本不敢去医院。仿佛没有医生的确诊，自己就没有生病。书本上讲的"讳疾忌医"，她这才完全懂了。

抑郁前的市谷蓝，是有点骄傲又酷酷的女孩。从小在老师、家长、学校、社会的规训下，她就把学习成绩看得非常重要，把好的分数看成自我价值实现的方式，看作自己的依仗。所以她从小就会翘课，也会偷偷在课上玩手机。但因为成绩很好，和老师、家长也就达成了一种潜在的默契。在学生时代，好成绩确实能带来更多自由。这种正反馈也会让学霸们可以在适度休闲的情况下保持好的学习劲头和热情。

但抑郁后，这一切都没有了。因为家庭、学校、感情、个人的多方压力，整个高一的下学期，她已经听不懂课，也打不起精神来学习了。从班级前列到班级倒数，那个把他人的认可和对自我的认可都挂在成绩这一件事上的女孩，开始觉得自己毫无价值。

痛苦没有出口，是会被憋死的。她一边表现得貌似很好，一边知道自己并不好。跌入深渊的小鹿该如何爬起来呢？她开始画画，宣泄自己的情绪，表达自己的感受。她把自己的画作发布到网络上，幸而得到了一些人的喜欢。她终于为新生的自己找到了新的价值！

学习成绩的大价值碎了一地，她努力找到画画这个小价值，支撑着自己去把大价值重新塑造起来。少女平静地凝望深海，马上坠入深渊前，鱼对她说:"你是有价值的，去尝试吧，世界是爱你的。"然后她决定做出改变。

### 5.1.3　反正事情不会更坏了

市谷蓝是个有点倔的女孩。她决心为自己定一个高目标，从泥泞里努力爬起来。没了爱情，没了成绩，没了老师和家长的支持，反正事情也不会更坏了，又不知道会不会真的好起来，那不如就让高目标撑着自己。万一能完成呢? 完成高目标后的价值感也许就能救赎无所依靠的灵魂。

这个高目标就是北京大学。

在 2020 年以前，清华大学有领军计划，北京大学有博雅计划，这些项目会提前锁定在高中阶段历次大型考试中成绩稳定的优秀学子，给予降分政策。这个政策后来被强基计划所取代。所以清华北大的招生组老师，每年都会提前到重点高中去约谈好学生，抛出橄榄枝，种下一个个清华梦、北大梦。

高二那年，北大招生组比清华招生组更早来到学校。晚自习期间，老师来叫一个个同学面见北大招生组老师。从期待到忐忑，再到失望，市谷蓝没有等到北大的召唤。这样煎熬的晚自习，我也经历过一次。当时清华没有选择我，于是我决心去北大。而市谷蓝则不同，北大一开始没有选择她，但她决心一定要去北大!

当时的市谷蓝，太迫切需要一个高目标来撑着自己了。她觉得只要达到了，自己就还有活着的价值。小城的资源非常集中，只有一两所学校拥有领军计划和博雅计划的名额，市谷蓝的学校就是其中之一: 年级前十有机会，前六名会比较稳。北大仿佛成了她的执念，不只是目标，更是被否定后的自证，是对自我价值的救赎。

所以这个高目标一定是北京大学。

可对于当时的她来说，这个目标实在太过遥远了，无异于痴人说梦。所以身边无人支持，无人理解。就连那些见过她曾经优秀的成绩、自信的样子的故人，也对她发出不解的声音："你怎么变成这个样子了？"市谷蓝又能说些什么呢？她只能打着哈哈，敷衍过这个话题。

有些路只能一个人走。赤脚走入一片黑暗，不知道会不会亮起来，但慢慢就亮起来了。

想要把之前漏下的都补起来，时间确实是很紧张的。想要一边学习新的知识，一边补充旧的漏洞，就要把正常的学习时间留给新的知识，额外找出时间去自学旧的知识。否则只能是拆了东墙补西墙，西墙轰然坍塌砸死人。

于是市谷蓝去和老师商量，把体育课和课间操都免了。在大家做游戏、跳操的时候，她就独自坐在教室学习，从早到晚，不知疲倦。可以用"一生悬命"来形容市谷蓝那段时期对学习的态度，她把自己活成了拼尽全力的热血动漫人物。

这是市谷蓝振作起来，开始奋斗后的典型一天的状态。

她把自己当成了特别努力的"学习机器"，像校准机器一样计较自己一天到底学了多少个小时。如果一天没有学习十个小时，就会觉得很懊悔。除了吃饭睡觉外，其他的所有时间她都在学习。她做出很努力的样子，好像在努力说服自己正在做值得的事情，否则好不容易找回来的生活价值感，也要消失了。

三四个月后，到了高二上学期。市谷蓝的成绩已经从年级的四五百名，上升到第二梯队的五六十名，基本可以稳定在前百名。但这种"玩命的学法"，只适合短期恶补，扩充知识面，终会遇到瓶颈。在高分段，死钻是没有用的。

这段拼命的时光，也许损害健康，也许不可持续，但总是利大于弊的。至少她把自己从浑浑噩噩的状态中拉了出来。当天平太过偏左时，用力在右侧加砝码是正确的。也许过犹不及，但总好过无动于衷。

之前她考得最烂的是生物，恶补后考得最好的也是生物。她真的会去抄书，把书上的知识点，各种练习册上的总结，以及她能想到的一切都抄上去，边抄边背。一开始是漫无目的地抄，做给自己看，为了让自己安心一点。可抄着抄着，发现还真的有用！到高三的时候，她已经有了两本 A5 大小的笔记本。以后再复习生物考试的时候，都不需要看书和练习册，只需要看自己的笔记本就够了。生物单科的年级第一也被她收入囊中。

她的恶补不只局限在生物，其他学科她也在努力。但她发现，抄书只是对生物有用，其他理科更适合刷题。但那又怎样？

干就完事了，先干了才知道对错！

### 5.1.4　从小城到北大

在市谷蓝咬牙死磕时，她感受到了提升，也感受到了瓶颈。时间是最公平的资源，花费在哪里，哪里就会有反馈。学习是最美好的东西，因为有付出就会有收获，做一道题就会了一道题，背一个单词就会了一个单词。这种久违的正反馈，让她突然和自己和解了。

但上坡路总是难走的。起伏难免，螺旋上升已是足够幸运，谁又敢奢求直线上升呢？后来，中科大的招生组也来学校约谈好学生，市谷蓝又一次没有被叫到。她很伤心，但不会再一蹶不振了。聪明人会栽跟头，但不会在一个坑里反复摔。从抑郁走向自洽，她开始过上了平静而美好的生活。

她意识到，休息真的很重要，拼命是不可持续的。在跌入谷底时，因为起点较低，所以进步会非常明显，人才有心气去拼。就像独行于黑夜中，越走越亮，就有希望，就还能撑。遇到瓶颈后，再提升就很难了，不休息会没有动力。于是她调整了策略：在该学的时候学，在该玩的时候玩。

她开始在中午给自己留一些时间去放松，和两三个固定的好朋友一起出去吃饭。两个半小时的午休时间，她的规划从吃饭＋学习＋学习，变成了吃饭＋聊天＋睡觉。市谷蓝平时很"宅"，但有朋友带着她去小吃街，吃一些之前没吃过的新鲜东西，聊一聊兴趣爱好，谈一谈人生规划，真是再好不过的充电了。即使到了高三第二学期，她依旧为自己留出一些休息的时间。

马斯洛的需求层次理论告诉我们，人潜藏着五种不同层次的需要，从低到高依次是生理上的需求、安全上的需求、归属的需求、尊重的需求和自我实现的需求。我们首先是人，需要满足基本的生理需求，保有人的尊严，然后才是学生，需要努力学习，实现自我价值。在这个意义下，高三也是可以休息的。无数学霸们的亲身实践证明，休息也是可以考上清华北大的！

对市谷蓝而言，振作后，才开始了新生；自洽后，才突破了瓶颈。当自己不再和自己打架后，才能调动一切感官形成一个队伍向着共同的目标冲锋。

市谷蓝打赢了她的战役。在高考前，她凭借稳定的好成绩成功获得了博雅计划的 A+ 认定（最高级别），并在高考后的博雅面试中发挥出色，获得了北京大学总计 60 分的降分政策，最终如愿进入北京大学。北京大学从2019 年开始发布大学堂版录取通知书（如图 5.3），市谷蓝是第一届收到的。在哪里跌倒，就在哪里爬起来。她梦想的学校，终于成为她的母校。

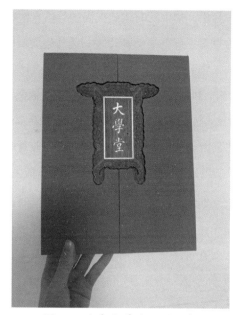

图5.3 北京大学录取通知书

从小城到北大，市谷蓝发现自己和其他地区的同学不太一样。大城市的同学们思维普遍更加发散，表达能力更强，英语的口语更好。而自己虽然高考英语 140 多分，大学六级 650 多分，但依旧是哑巴英语，不太有自信当众用英语表达。认识到客观的差距，市谷蓝并没有自怨自艾，也没有心生怨怼，恰恰相反，她感恩自己曾经拥有的教育资源。小城镇不代表资源一无是处，只是可能更集中，更需要早早觉醒。

例如，市谷蓝的英语老师是对外经济贸易大学毕业的，讲课不是照本宣科，而是启发式教学，帮助同学们把零散的知识系统化，把语感做题规范为语法做题，讲的很多东西甚至和北京大学 C 类英语课堂所讲的有重合之处。当然，英语是需要积累的学科，是需要使用的语言。市谷蓝自己也没有掉以轻心。她听从父亲的话，在学习机中下载英语教材，提前学习，每天半小时，日积月累，初中的时候就把高中英语自学完了。她开始对英语感兴趣，是因为想看一部英文动画片——《马达加斯加的企鹅》，而且想看懂动画片里的人物到底在说什么。因为看不懂，所以开始在网上找资源，就进入了字幕组，和兴趣爱好相同的小伙伴们一起翻译喜欢的动画片。一个个查单词，再结合人物的性格特点去意译，边干活就边看懂了动画片，也提升了英语水平。兴趣真的是最好的老师，市谷蓝喜欢文学，英文的小说和故事她都看，所以她的词汇量很大，阅读和写作能力都很强。

又如在高二上学期的时候，语文老师发现市谷蓝写出来的东西，没有那么自信了，因而无法说服他人。语文老师从她的文字里感受到她心境的变化，句句指导看似在讲作文，实则是讲人生，颇具人文关怀。对于这种心境的变化，语文老师是第一个注意到的人，也是第一个认真告诉市谷蓝"要自信，才能说服他人"的人。不仅是言语上的鼓励，语文老师还主动邀请市谷蓝来当语文课代表。虽然市谷蓝的语文并不是太好，但每次去语文老师的办公室帮忙时，老师都会给市谷蓝拿一些小零食，聊一聊生活中的问题。随着熟悉度和信任度的逐渐加深，语文考不好，市谷蓝都觉得对不起语文老师，然后她的语文成绩就慢慢变好了。

再如化学老师作为她的班主任，也是经验丰富的老教师了。化学老师很会讲课，会启发大家一起思考。更重要的是，化学老师并没有把"谈恋爱"当作污点，只是温柔地劝诫："不要早恋，不要影响未来。"在那段被骂的日子里，比安慰更有力的是不再污名化。云淡风轻，才最治愈。

每个人的起点都不同，能以较低的起点，和那些较高起点的人登上同一个平台，难道不是更酷吗？在抱怨自己的环境不好时，不妨问问自己，现有环境的资源是否都已成功应用？如果没有的话，那现状就不完全是环境的问题了。

# 5.2 情绪自救法

我们总是为了所谓"正事"而忽视自己的情绪，但当情绪积攒到一定程度时，可能就没有能力做任何"正事"了，所以我们要及时自救！在 5.2 节，我们将共同追求向内自治、向外自洽、与自我和解，而非对抗；努力为自己的人生找到更多支撑点，一起打卡 100 件独处治愈小事，感受简单的幸福；一同打破优绩主义的桎梏，像孩子般启动"断电时间"，学会真正的休息；然后与自我、与情绪和平共处。

## 5.2.1 与自我和解，不要对抗

你知道吗？你身上的 40 万亿～ 60 万亿个细胞，都在为你一个人服务。

你的心脏，为了你而接受了 7×24 小时工作制，每时每刻都在推动血液流动，向各个器官、组织提供充足的血流量，运送氧气和各种营养物质，带走代谢终产物。

你的胃，自愿做你的协调者，上接食道下通小肠，为食物加上各种消化酶和胃酸，不断搅拌后送入小肠，为你提供能量。

你的肝脏，为你储藏、代谢和消毒；你的胆囊，帮你储存苦涩的胆汁。类似的努力，还有很多。

每当你觉得自己孤身一人时，不要忘记你一个人就是一支部队。

抑郁的时候，人会把一切责任推到自己身上，不接纳自己，讨厌自己，甚至憎恶自己，伤害自己。市谷蓝在走出抑郁后，最想和大家分享的心得就是"不要和自己对抗，和情绪对抗。因为这场对抗不会有胜利者，对抗越久就会越痛苦。越觉得不应该怎么样，就越会怎么样。恶性循环非常可怕"。

那我们能怎么做呢？让情绪自然发生，自然流逝。做不出题目产生烦躁的情绪，被人误解产生难过的情绪，成绩下滑产生失望的情绪，都是正常的。让自己烦躁一会儿，难过一会儿，失望一会儿，然后就去做其他事情吧！我们还可以画画、健身、跳舞、唱歌、烹饪、写作、阅读、开摩托艇！不必去细细思索，情绪是怎么产生的？该怎么去解决？下次如何避免？生活又不是在写论文，不需要那么严谨。想得太多，太细，就会太烦，太累。别去追寻抽象的意义，多去关照具体的事物。敏感多思会让我们拥有细腻的笔触和体贴的共情能力，却也可能把我们拉下深渊。

不只是向内自洽，向外也可以自洽。我觉得一种最好的心态是"万事发生皆有利于我，万物皆可服务于我"。这和自私有本质区别，自私是要求别人为自己服务，要求世界围着自己转，而自洽是自有一片宇宙。

早上起床，呼吸到新鲜的空气，这是自然对我们的馈赠；吃到美食，这是食物对我们味觉的奉献；看到一只可爱的小猫咪，这是小动物对我们释放的幸福信号。

和自己和解，和情绪和解，向内自洽，向外自洽。即使没有优秀的学业成绩，也是一个非常棒、非常可爱的人啊！

### 5.2.2　找到支撑点：100 件独处治愈小事

中学阶段，我们经常感到疲惫焦虑、压力过大，是因为那时候我们的世界很小，小到仿佛只能装得下学习这一件大事，学习成绩的好坏就是我们全部价值的体现。但成绩有起伏是正常的，支撑点只有一个是不稳定的。市谷蓝是自尊心很强的人，在以成绩论英雄的评价体系下，她的自我评价是很高的，所以当外界不再理解她时，在成为"典型的早恋毁灭人生反面教材"时，她曾经的支撑点崩塌了。新的支撑点是信念和爱好。关于信念，她先是骗自己"只要想就可以做到"，然后随着正反馈的不断到来，她的信念就更加坚定了。关于爱好，她通过画画宣泄情绪，表达自我，在繁重的学业压力下调节心理压力。

我们都需要找到支撑自己的东西。让我们在最苦最累的日子里也能尝到一点点甜。如果学业太忙，实在无法培养兴趣爱好也没关系。找到支撑点，其实并不难。

这里想和大家分享我的 100 件独处治愈小事清单，不需要很多时间，却能让我们迅速感知生活的美好，在难过的时候再帮我们撑一下。撑住了，很多东西就会不一样了。我把这 100 件小事分成八大类，依次是写点东西（1～12）、看点东西（13～24）、静静心吧（25～38）、人间烟火（39～53）、锻炼身体（54～64）、关于养生（65～75）、随便研究（76～87）、玩点什么（88～100）。

（1）写下自己向往的生活状态：你会在哪里？和谁在一起？是人类还是小动物？家里会有哪些你喜欢的东西？你会做哪些事情？

（2）整理一下自己的书桌，留一个便利贴，手写鼓励的话。例如，少想多做，天天开心！今天也是很棒的一天呀！

（3）给十年后的自己写一封信。

（4）给好朋友写一张明信片，可以不寄出。

（5）写一个本年度愿望清单，以后慢慢为自己实现愿望。

（6）复盘自己过去人生中所有遗憾的事，总结经验，然后让事情过去。

（7）列一个"我很优秀清单"，用发现美的眼光看待自己。

（8）列出自己所有的缺点，按步骤写出优化的路径，然后接纳自己。

（9）写一封关于感恩的信，关于成长过程中收到的所有爱与帮助，然后感知幸福。

（10）做一个快乐积累本，把每一天遇到的快乐的小事都记录下来。例如，今天的早餐奶好甜呀！

（11）记录一下本月的进账和花销，培养良好的金钱观念。

（12）写书评，写影评，自由表达。

（13）找一本喜欢的书看，可以不看完。

（14）看一部喜剧，大笑有益于身体健康。

（15）找一部经典电影，沉浸式观影。

（16）看一个经典影视剧解说，节奏紧凑，酣畅淋漓。

（17）看一部高分纪录片，感受不一样的人生。

（18）看看 TED 演讲，向上生长。

（19）看一次画展，按自己的生活体验解读画作。

（20）看一场辩论赛，锻炼逻辑思维，提升表达能力。

（21）看文化类综艺节目，可以当作下饭视频。

（22）看人物传记，赏名家风采。

（23）读历史，以史为鉴。

（24）看地图册，让思绪飞过大好河山，领略万千瑰宝，粗略了解各地的风土人情。

（25）泡一杯果茶，边喝边发呆。

（26）练一练字，硬笔、软笔都可以。

（27）点一个香薰，配一点音乐。

（28）撸一撸小猫咪，听听它的呼噜声。

（29）冥想，让内心静下来。

（30）早起等待一次日出。

（31）给花花草草浇水。

（32）给自己切一盘水果，摆盘好看心情也会美丽哦！

（33）蹲在地上看蚂蚁搬家。

（34）在一大片三叶草中寻找幸运的四叶草，找不到也没关系。

（35）敲木鱼，电子木鱼和实物木鱼都可以。

（36）躺在床上闭目养神，播放轻音乐。

（37）尝试一次钓鱼，钓不上来是正常的。你甚至可以只是拿着鱼竿坐在水边，手里可以没有鱼饵，河里也可以没有鱼。

（38）清理手机相册，腾出内存空间。

（39）去逛一下超市，感受人间烟火气。

（40）去公园围观大爷们下棋，听旁边的大爷们七嘴八舌地支招。

（41）给自己买一束花，向日葵、荷花、百合……

（42）给家人打一通电话，分享最近的生活。

（43）听爷爷奶奶讲一讲他们小时候的事、你小时候的事。

（44）看小区里的小朋友们放学，听欢声笑语。

（45）去夜市走一走，小摊子里盛满了热闹。

（46）去看幼儿园放学，一个个可爱的小宝贝被接走，然后和老师甜甜地说再见。

（47）穿着校服回到校园，看看正在奋斗的学弟学妹们。

（48）去甜品店闻闻刚烤熟的大面包，空气都是甜丝丝的。

（49）去抓娃娃，然后把抓到的娃娃们分给旁边的小朋友。

（50）下雨天去看阿姨们采蘑菇。

（51）去一趟早市，买新鲜的蔬菜水果。

（52）买衣服的时候，尝试和售货员讲讲价。

（53）和大爷大妈们一起跳广场舞，如果害羞的话可以站在后排跟着随便跳，没有人会排斥年轻人的加入。

（54）做一次肩颈操，久坐对身体真的太不友好啦。

（55）去公园慢跑，不必跑太多也不必跑太快，跑一会儿走一会儿也可以。

（56）去公园骑自行车，感受风吹在脸上，吹散烦恼。

（57）做暴汗瘦身操，快乐燃脂。

（58）跟着动作拆解视频学跳舞，出出汗。

（59）练一练瑜伽，自我治愈。

（60）做一做针对性训练：练手臂，瘦小肚子，练马甲线腹肌，瘦腿。

（61）拉伸运动，抻一抻。

（62）散散步，吹吹晚风，可以什么都不想。

（63）练习一分钟跳绳，越来越快，越来越流畅，非常有成就感！

（64）去游泳，水下真的很安静。

（65）泡泡脚，可以用各种各样的泡脚包，艾草、艾叶、红花、生姜、花椒……

（66）看电子产品久了，做一次眼保健操。

（67）去做一次按摩，顺便睡一觉。

（68）斩断无用社交，精神守持于内，气血自然顺畅。

（69）练习八段锦，活动筋骨，有益于气血运行。

（70）子时（夜晚 23 点至凌晨 1 点）大睡，午时（中午 11 点至下午 1 点）小憩。

（71）睡前不想往日的烦恼和未来的计划，为睡眠做准备。

（72）没事多笑笑，一开始没什么开心的，但笑着笑着自然就开心了。人真的很神奇！

（73）用梳子给自己梳梳头，按摩头皮。

（74）泡泡澡，沉浸在热水里。

（75）不爱喝热水的话，可以泡玫瑰花、黑枸杞、菊花。尤其是黑枸杞，一杯一杯的水加进去，水的颜色由梦幻的紫变为透彻的蓝，好喝又好看。

（76）研究一下适合自己的穿搭，摆弄摆弄衣柜里的衣服。

（77）研究一下适合自己的护肤品，好的皮肤状态会让人更加自信。

（78）做一次旅行攻略，方便以后说走就走！

（79）练习一首喜欢的歌，以后去 KTV 就有拿手曲目啦。

（80）研究一下摄影，把喜欢的人、事物、场景都记录下来。手机摄影也非常有趣呢！

（81）研究一下菜谱，做一道自己的拿手菜。自己做的就是最好吃！

（82）研究一下家居风格，装点自己的小空间。

（83）研究一下理财，前期多看少买，经济独立才是最大的底气。

（84）女孩子可以研究一下化妆，找到适合自己的妆容风格。

（85）研究适合自己的发型，修饰自己的脸型。

（86）研究适合自己风格的配饰，低成本也可以戴出高质感。

（87）研究一下收纳，整整齐齐看起来太舒适了。

（88）拼乐高，大的、小的都可以。

（89）拼图，和满地的拼图碎片坐在一起。

（90）搭建模型，动手又动脑。

（91）试试油画棒，网上有好多免费的教程。

（92）给自己做一张小毛毯，非常减压。

（93）DIY 香薰蜡烛，简单好玩。

（94）手里放两个核桃，心烦意乱的时候盘一盘。

（95）网购各种各样的鲜花，自己练习插花。

（96）旧物改造，激发创造力。

（97）体验各种乐器，不求专业，只为乐趣。

（98）体验一次陶艺。

（99）DIY 一个流体暴力熊，门槛很低。

（100）画画，可以从临摹喜欢的画作开始。

你可以把这几页从书中撕下来，夹到你的日程本里，或贴在你的书桌上。每完成一项，就在这一项的后面打个钩。如果你非常喜欢其中的一些项目，也可以多做几次，多打几个钩。如果你不喜欢其中的一些项目，也可以用笔直接把它划去。不用过分爱惜这本书，阅读它，撕开它，涂写它，都是感受它的一种方式。感受书中的力量，就是书最大的价值。

### 5.2.3　学会休息："断电时间"

很多人看到这一小节的标题，会觉得很好笑："休息还用学吗？谁还不会休息呀？这不是天生的吗？"可从小接受优绩主义教育的很多人，都真的不会休息，包括曾经的我自己。

在 1.4 节，我们共同学习了高效休息法。我们认为，被模型和算法抓住人性的弱点，沉溺在手机游戏和短视频中，不是休息。读书，是足不出户的身心之旅。亲近自然，可以让我们忘却很多烦恼。运动，是我们自信和健康的源泉。下饭视频，不仅有综艺，还有辩论赛、美剧和纪录片。但这些都是休息的具体方式，这一切的前提，是拥有"休息的心态"。

曾几何时，学习像一块大石头，永远坠着我的心。一点点时间拿去休息，都会让我产生极大的负罪感。父母周末带我去玩，可我在如画的风景中却只想着我那没写完的作业，心里发慌。和爷爷奶奶一起打麻将，可我总是时不时要拿起手机，生怕有消息没有及时回复。学没学完，玩也玩不尽兴。我的大脑好像从未切断过与学习的连接，当我在吃饭的时候，散步的时候，和亲友相聚的时候，大脑并没有真的在学习，却一直在为学习而焦虑，产生了同等程度的疲惫感。我本该在休息后精力充沛地开始新的学习阶段的，可大脑却带着持续学习的疲惫感，让我力不从心。

我意识到应该适时切断大脑和学习的连接！解法是什么？

法国思想家卢梭分享过他自己的工作方法，他说："我本不是一个生来适于研究学问的人，因为我用功的时间稍长一些就感到疲倦。甚至我不能一连半小时集中精力于一个问题上。但是我连续研究几个不同的问题，即使是不简单的问题，也能轻松愉快的一个又一个寻思下去……即使我整天用功，也不觉得疲倦。"

切换不同的工作，可能让有些同学觉得精力不足，所以对普通人而言，更可行的方案是在学习和休息之间做切换：为自己规定一个切断连接的时间，比如一小时，甚至半小时，就像拉电闸一样，让你的大脑暂时停电。休息是不需要过度思考的，在你的"断电时间"里，你可以不带脑子，纯粹享受快乐的情绪。相信我，脑子里盛满烦恼的人类不如没有脑子的人类可爱，也不如后者快乐。添植在高三的下半学期，依旧在每天晚上睡前断电一会儿，玩一会儿游戏，这不影响他考上清华。市谷蓝在高二的一整年忍住没有画画，在高三才开始，画画也成了她调节心理压力的重要手段，这也不影响她考上北大。

周国平先生曾发表过一段有趣的言论。

人 = 吃饭 + 睡觉 + 上班 + 玩。

猪 = 吃饭 + 睡觉。

代入：人 = 猪 + 上班 + 玩。

即：人 – 玩 = 猪 + 上班。

这些等式的结论通俗易懂：不懂休息的人 = 只会上班（学习）的猪。

希望我们都能成为懂得休息的可爱人类，而非只会上班学习的猪。

## 5.3 "早恋"化小法

随着经济社会的不断发展，人民物质文化生活水平不断提高，大环境趋于多元包容。"早恋"一词，慢慢不再令人闻风丧胆。在新时代下，如何定义早恋，如何面对早恋是值得学生、老师、家长共同思考的问题。在5.3节，我想结合身边人真实的早恋故事，与大家共同探讨"早恋"化小法，让早恋成为一件有底线、不影响学习的美好小事。

### 5.3.1　如何定义"早恋"？

在"早恋"这个词下，可以添加千百行注释。所以在我们回答"早恋到底是否为一个错误？""我们该如何面对早恋？"这些问题前，我们应该先定义"什么是早恋"。

百度百科在参考了郑巍巍、梁卓欣的两篇论文后，给出了早恋的定义：早恋是青春期恋爱的俗称，指 18 岁以下的青少年建立恋爱关系或对他人产生爱意的行为。

这个定义有两个关键词：第一个是年龄的限制，要求 18 岁以下；第二个是行为的明确，不只是建立恋爱关系属于早恋，对他人产生爱意也属于早恋。这两个关键词其实都大有讨论空间。

先来说年龄的限制：用具体的数字来划分，是最具可操作性的方法，比如大学生可以凭学生证出入很多场所获得折扣，但毕业了就不可以。身高 1.2 米及以下的儿童可以在很多场所免票，但超过了就不可以。这样的规定像一把严格的尺，简单高效，节省人力，但未免缺少"以人为本"的人文关怀。一方面，人不会在度过自己的 18 岁生日后突然长大，能够承担起两个人的未来。而且很多 18 岁的年轻人，再过几个月就要迎来自己人生重要的转折点——高考。这个时候去谈恋爱，无疑也是不合适的。另一方面，很多人虽然过了 18 岁，但依旧不会好好爱自己，更没有能力去爱别人，无法承担责任，没有经济能力，没有未来规划，这样的恋爱怎能不称之为早恋呢？

再来说行为的明确：不仅是两个人双向喜欢，确定恋爱关系属于早恋；单向的恋爱、暗恋或是爱而不得，也属于早恋。因为高考前单向与双向的感情大概率都会带来相似的结果——剧烈波动的情绪、被分散的注意力。

中国内地男演员、导演黄磊说："早恋这个词其实很混账。处于青春期的孩子，异性之间的相互吸引是人之本能，家长要做的不是遏制，而是正确地引导。""早恋"一词，应该是有人物、有时间界限、有明确行为的中性词，而不应该带有贬义的色彩。因此需要合理指引青少年，帮助他们在社会中更好地适应。如果把社会规则奉为圭臬，用大棒去打击人之本能，未免过犹不及。

当代画家、诗人、散文家席慕蓉说："幸福的爱情都是一种模样，而不幸的爱情却各有各的成因，最常见的原因有两个：太早，或者太迟。"也许"早恋"，就是那个太早。我也曾拥有一段美好的"早恋"，幸运的是，没有影响学习；不幸的是，他来得太早。当代女作家张小娴说："有一些人，这辈子都不会在一起，但是有一种感觉却可以藏在心里，守一辈子。"这样已经足够美好。

### 5.3.2 如何面对"早恋"

结合市谷蓝的故事还有身边很多活生生的例子，我觉得面对早恋最好的方法就是"早恋化小法"。

1. 我们可以把早恋化小

互相喜欢，彼此支持和鼓励，其实不必捅破那层窗户纸。早恋化小，就是将这种朦胧而青涩的感情转化到一种进可攻、退可守的状态。可以在学习方面互相请教对方擅长的科目，不失为一种"教学相长"；可以在对方考好了的时候分享快乐，分享的快乐就是双倍快乐；可以在对方考砸了的时候分担悲伤，分担的悲伤就只剩一半啦！

随着经济水平的不断提高，社会大环境的氛围也愈加开放包容。大多数人面对"早恋"都不再是闻之色变，但无论是男生还是女生，还需有"底线意识"。底线意识，就是发乎情止乎礼，不要一时冲动做出难以负责的事，也侮辱了青涩而美好的感情。

我在做自媒体以后，发表过很多关于早恋的看法，也因而收到了很多有相关情感困扰的同学的私信。看过几百个案例后我发现，早恋几乎 100% 会影响学习，只是影响的程度存在差异。在对方身上花费的时间越多，在学习上花费的时间就越少。而真正值得喜欢的人，是不舍得你用最应该做题的时间去讨好他的。

我们必须明确，什么事可以做，什么事最好不要做，什么事绝对不能做。在我看来，在中学时代，向异性问题，探讨学习，可以做；喜欢上一个人，最好不要做；偷食禁果，绝对不能做！

2. 家长可以把早恋化小

市谷蓝的早恋，其实两人已经做到了"化小"，而最后的悲剧是因为家长的"放大"。两人一起上学放学，一起吃饭聊天，互相交换日记，彼此支持，相互鼓励，不仅没影响学习，快乐而稳定的情绪还有益于学习。可市谷蓝的父亲在得知消息后，在校门口气势汹汹地骂了一顿她喜欢的人，然后带着她头也不回地走掉了。那些情绪化的语言，不理解甚至羞辱，成为压垮她的最后一根稻草。

同样是早恋，我的母亲就处理得非常好。她与我无话不谈，永远是包容和理解的态度，她的人生经验是我的智囊，而非我的桎梏。所以我和他的相处进程，都愿意和母亲分享。母亲在和我明确了底线后，会引导我如何正确与他相处，如何因他而快乐，却不要过多因他而内耗悲伤，努力学习向他的成绩靠近，而非向他的身体靠近。母亲让我明白，喜欢一个人不是过错，早恋不是坏女孩，在恰当的引导下，也可以成为向上的动力。

家长的正确引导，不仅可以把早恋化小，还能把所谓的"坏事"变成"好事"。

3. 老师可以把早恋化小

很遗憾，在我的早恋故事里，我的班主任老师和年级主任老师，并不是想把早恋化小的人，他们想要无限放大，想抓典型，想用毁灭我们的方式告诉同学们：学习好不代表可以为所欲为，早恋是坚决禁止的！

那是个周末，我和他在学校附近的图书馆一起自习，中午就出来觅食。没有穿校服，没有牵手，只是并排行走，就偶遇了年级主任。那时候年级主任并不常驻在我的校区，所以我并不认识他，可我的成绩在年级前列，他认识我，也认识我身边的竞赛生。那次平平无奇的偶遇，年级主任只是淡淡看了我们一眼，我们也没有放在心上，可接下来的周一，我发现事情没有那么简单。

周一的早自习，我的班主任老师把我叫到门外，沉声对我说："你的所有评奖评优、清华北大的推荐资格都会被取消，你知道为什么吗？"我一瞬间人都蒙了，连自己是不是丢垃圾没有丢进垃圾桶都反思了一遍，然后我说："我不知道。"班主任老师说："你想想周六，你在校外干了什么？"

在年级主任的眼里，我们在校外拉拉扯扯，影响学校的形象。在周一的升旗仪式上，年级主任把抓的好多对情侣都通报班级批评，虽然没有通报姓名，但是特别指出"不要以为自己学习好，就可以为所欲为"。我们的班级是按学习成绩排的，说出班级，身边的人就都知道是我们了。他当时在外地培训，学校也没办法制裁他。可我在那场升旗仪式上是负责给班级举牌的，我站在队伍的最前面，感觉后面同学们的眼神像一道道箭一样射了过来，我如芒在背。回到班级以后，同学们异样的眼神和声音不大不小却刚好能被我听到的八卦，让我备受折磨。班主任老师在此后更是时时敲打，让我必须断联，和我母亲说我道德败坏、阳奉阴违。

那时候我好羡慕隔壁班的班主任老师，那位老师是我的生物老师。他们班也有学生被抓，可老师却像父亲般照顾着学生的情绪，告诉他们没什么大不了的，放轻松。学生时代，老师的态度对学生的影响还是非常大的，被安抚的学生扫去压力，正常学习，几乎没有受到年级主任的影响。我真的好羡慕。

在这次早恋风波中，还好有母亲坚定地站在我的身旁。她逻辑清晰地为我辩驳："孩子穿校服了吗？没有。而且只是并排走在一起，行为没有出格，路人甚至不知道孩子们是哪个学校的，凭什么说影响学校的形象？如果没有影响学校的形象，凭什么做出这么严厉的处罚？哪条校规校纪写着周末一起学习要取消所有评奖评优和推荐资格？作为老师，为什么要这么逼迫学生？凭什么说我的女儿'道德败坏''阳奉阴违'？"

在母亲的安慰和鼓励下，在早恋风波后两周的期末考试，我依旧考出了优异的成绩。实力，永远是最好的反击。

在早恋这件事上，当事人、家长、老师都扮演着重要的角色，如果各方有"早恋化小"的意识，早恋就可以成为一件美好的小事。

## 5.4 成本—收益法

人生是一个选择踩着一个选择的脚后跟，深一脚浅一脚，连成了一条属于我们自己的人生之路。面对选择，犹豫、彷徨、迷茫、困扰，都是正常的，关键是要科学、理性地思考，而非盲目、混乱地内耗。在 5.4 节，让我们理论结合实际，共同探讨一种帮助我们在复杂条件下快速作出决策的思考方式——成本—收益法。

### 5.4.1 成本与收益

米兰·昆德拉在《不能承受的生命之轻》中有言："从现在起，我开始谨慎地选择我的生活……我已无暇顾及过去，我要向前走。"

小到晚餐吃什么，影响今晚的心情；再到选择什么专业，影响未来的方向；大到选择什么行业，影响长期的规划。如何在复杂的条件下快速作出恰当的选择？是我们一生的必修课。

越是重要的选择，越是复杂的。此时，不要在脑子里空想。各种各样稀奇古怪的想法会塞满脑袋，像毛线团一般缠绕在一起，没有头绪。我们可以把想法有条理地落实在纸面上。表 5.1 是我常用的思考方式：成本—收益表。

表5.1 成本—收益表

| 成本 | 收益 |
|---|---|
| 时间成本： | 情绪收益： |
| 金钱成本： | 经济收益： |
| 机会成本： | …… |
| …… | |

我们先简单画一个十字，然后在左上方写下表头"成本"，在右上方写下表头"收益"，最后在下方依次分条梳理。很多时候，我们会被外界的各种规训蒙蔽，看不清自己内心真实的想法。但你有没有尝试过抛硬币呢？正面是 A 选择，反面是 B 选择。抛硬币的关键不是硬币落在了哪一面，而是把硬币抛起的那一瞬间，心中就已经知道，更期待哪一面。

同理，使用成本—收益表来作梳理，你会发现自己更加倾向于哪个答案。

与自己交流对话，是一件非常有趣的事情。具体而言，我经常考虑以下的成本要素和收益要素。

（1）时间成本 / 时间收益：做这件事需要多少个工作日或工作时长，包含前期的准备时间 + 进行中的时间 + 事后的复盘休整时间。做这件事是否能帮助我节省一些时间？

（2）金钱成本 / 经济收益：做这件事需要花费多少钱？能为我带来多少现金流入？

（3）机会成本：同样的时间、金钱和资源，如果不做这件事，我本可以去做哪些事？

（4）情绪成本 / 情绪收益：除了我们习以为常的体力劳动、脑力劳动之外，情绪劳动越来越成为大家心累身累的根源。做这件事会给我带来多大的情绪消耗？是否会让我感到充实、满足和幸福，越来越成为重要的考查因素。

在人生的不同阶段，我们对不同因素的看重程度是不一样的。中学时期，我最看重时间成本和时间收益，拒绝浪费时间的活动，选择节省时间的教辅，时间就是我最在乎的东西；大学时期，刚刚经济独立，我最看重的是金钱成本和经济收益，不当家不知柴米油盐贵，我会精打细算，开源节流；毕业后，我最看重的是情绪成本和情绪收益，不再向外求，而是向内求，自洽稳定的内核，让我的生命更加轻盈舒适。

因为不同时期对不同成本和收益的排序不同，所以同一个问题，在不同的时期，我可能会得出不同的答案，但成本—收益法总能帮我得出在当下最理性的答案。这个答案也许在若干年后来看，并不是最优的，但如果穿越回去，从当时的认知水平和资源状态来看，也不会得出第二个答案。

如此，足矣。

### 5.4.2　实例分析：要不要去上课外班？

在 5.4.1 小节，我们理论化阐述了什么是成本—收益表。在这一小节，我们将结合实例分析，把方法用好、用活。

"要不要去上课外班？"是很多同学和家长共同的问题，也引起了全社会的广泛讨论。2021 年 5 月 21 日，中央全面深化改革委员会第十九次会议审议通过了《关于进一步减轻义务教育阶段学生作业负担和校外培训负担的意见》，正式拉开了"双减"的序幕。2023 年 8 月 10 日，"网红称要让补课行为在浙江断根"的话题登上微博热搜榜第一。抖音网红举报杭州新东方违规补课，认为新东方进行学科类补课违反了教育部和浙江省教育厅关于"双减"的相关规定，属于违规违法行为，造成教育不公平。其在视频中表示："如果这家店敢开，我天天来，杭州全区的新东方、学而思，还有重点高中提前补课的行为，我全部都会去。"

热搜下的热评网友则表示："我谢谢这些所谓的网红，新东方停课了，一对一补课更贵了，是你们抬高了补课的单价，断了普通家庭孩子的进步之路。"该条评论获得近五万的点赞。大多数热评均表示，该种行为是"想红想刷存在感""损人不利己"。

在这样的时代大背景下，我们每个人该何去何从呢？这里还是要根据自己所在的环境和自身的情况，应用成本—收益法，具体问题具体分析。其实，在"双减"政策推出前，大多数的同学都会选择上课外班，而市谷蓝却没有上，她的成本—收益表如表 5.2 所示。

表5.2　市谷蓝关于"要不要去上课外班"的成本—收益表

| 成本 | 收益 |
| --- | --- |
| 时间成本：工作日晚上、周末、假期的时间 | 情绪收益：显得合群，听话，随大流有安全感。（但大家都上，自己不上，好特别好酷！） |
| 金钱成本：补课费并不便宜 | |
| 机会成本：小地方资源差、盲目上课外班浪费自学和写作业的时间 | 知识收益：能学到一些小技巧，有可能提前知道出题的方向（但尝试过觉得没什么大用） |
| …… | …… |

　　去上课外班的成本是非常明显的。第一，时间成本。课外班一般都是在工作日晚上、周末和寒暑假举办，极大挤占了本就不多的独立学习休闲时间。第二，金钱成本。无论是大城市还是小城镇，补课费都并不便宜。俗话说，"再穷不能穷教育"，家长们在这一方面总是格外舍得花钱，也让各种补课机构的价格水涨船高。第三，机会成本，在市谷蓝与自我和解后，她进入了"一生悬命"的状态。在这种状态下，盲目上课外班的时间足够她查缺补漏，自学复盘好多东西了。任何不考虑机会成本的选择，都是不够理性的。

　　而上课外班的收益就没有那么明显了。第一，情绪收益。说得直白些，很多家长和同学给课外班交钱，就是买个心理安慰。参加老师办的课外班，显得听话；参加同学推荐的课外班，显得合群；做随大流的事情，显得已经尽人事，才能安慰自己听天命。而市谷蓝一直是很特别的人，她完全不会因为别人去上课外班，自己没去而感到焦虑。坚定自己的想法，会让她觉得很酷！第二，知识收益。大多数人参加课外班，归根结底还是奔着知识来的，希望能学到一些老师经年累积下来的小技巧，甚至是得到校内模拟题的出题方向。要知道，高中时期稳定的好成绩是可以吸引各大高校注意力的。但这种知识收益，在不同地区、不同学校，差异性极大。对于市谷蓝而言，初中阶段的一些老师，水平甚至还不及她，所以在小城镇自学能力才是第一生产力！

综合比较上述成本与收益后，市谷蓝决定，不去上课外班。用成本——收益法得出的这个决定，她从未后悔过。

第6章

# 典型学霸的共同特征

想归纳一个群体的共同特征，样本量太小是常见的问题，所以我们会在互联网上看到很多自媒体依据身边的一两位清北学霸就得出了结论，其结论未免有些以偏概全。在 6.3 节将详细阐述我的观点。

## 6.1　关于学霸的刻板印象

"典型学霸的共同特征"是近年来互联网中比较火热的话题，我点进去一看，实在是"叹为观止"。一众自媒体笔下的，自己身边的顶尖学霸，简直就是不食人间烟火的小神仙！他们从不闲谈，学习模式极简，内核稳定，没有拖延症、习惯性社交……好像命中注定要脱颖而出，和普通人之间存在天壤之别。其实呢？这个世界上有那么多人，即使学霸只占很小的比例，也是非常庞大的一群人，其表现形式多种多样，实在不应该被标签化、脸谱化。

### 6.1.1　从不闲谈？

有人说，学霸们从不漫无目的地闲聊，谈话都是指向明确的、解决问题的，非常清楚自己要和谁交谈，以及谈话目的和期望结果。把闲谈的时间省出来，可以去看一本书、一部纪录片、一番美景……与其闲谈，不如自我探索和思考，把分享欲留在日记本上，还能顺便锻炼写作技能。

我想说：高高在上活出"仙气"，不愿与"凡人"闲谈，我尊重，但不必把这个标签贴到全体学霸身上。写作需要烟火气，生活更要接地气。我身边的学霸朋友们，聊起八卦和吃喝玩乐，也是非常愉悦的。谁能拒绝在繁忙的期末季结束后，和朋友们一起去一趟 KTV 唱歌呢？学霸们的聚餐，也不只是信息互换、观点共享。毕竟，撕去学霸的标签，那也是一个个鲜活的年轻人啊！

## 6.1.2　学习模式极简?

互联网上曾经兴起过一轮精致学习风尚:五颜六色的便签条贴在五颜六色的本子上,用五颜六色的笔做出五颜六色的笔记。然后随着一些精致学习博主被扒出成绩不佳,精致学习开始被嘲弄,极简学习开始盛行。全黑的笔记、潦草的字迹、玄幻的符号,成为学霸,尤其是理科学霸的典型特征……

可是朋友们,过犹不及啊!不要从一个极端走向另一个极端。因为你可能会惊奇地发现,每个极端上都站着学霸。因为学习模式的精致与否,本不是成为学霸的必要条件。

我身边有精致学习的学霸,所有的笔记、错题本、试卷和练习册都分类摆放,笔记用色彩表示层级,条理清晰,丝毫不乱。也有极简学习的学霸,笔记就记在书的空白处,连笔袋都没有,平时就从书包里摸一只黑笔出来写,这黑笔还不一定有油。更有混合模式的学霸,有时精致,有时极简,根据学科,甚至根据心情而定。

学习模式没有好坏之分,越舒适,越可持续。找到让自己舒服的模式才是最重要的。

## 6.1.3　内核稳定?

内核稳定,是多少成年人穷尽一生也无法做到的,何况十几岁、二十几岁的年轻人呢?用内核稳定把学霸们塑造成遥不可及的星星,让普通人可望而不可即,只能自我麻醉说"我没有学霸的天赋,没有那种素质",其实是无形中扼杀了很多同学成为学霸的可能性。当你觉得学霸离你很远的时候,你是无法成为学霸的。这也是我写这一章节的目的,我希望把学霸们拉近一点,我想告诉大家:学霸不是"新新人类",成为学霸没有想象中那么难。

我身边很多顶尖学霸，在清华北大是专业前几名，甚至专业第一名，但说实话，他们不仅内核不稳定，还习惯性焦虑。

因为从小到大都活在竞争和高压下，他们其实很不适应休息。总是害怕被别人超过，不做正事就浑身难受。他们要花很长的时间去学习如何松开自己的眉头，把紧绷的肩颈松懈下来，让自己能够坦然享受美好的生活。是的，焦虑、内核不稳定，不影响你成为学霸。

### 6.1.4　没有拖延症？

这个世界上真的有完全没有拖延症的人吗？也许有，但这个人数比学霸的人数应该是少几个数量级的。每个北大的期末季，我在身边同学的闲聊里，在大家的朋友圈里，看到最多的就是：学不完了！看不完了！背不完了！做不完了！毁灭吧！

ddl（deadline，截止日期）才是第一生产力，这句话适用于绝大多数人。就拿我自己来说，我舍友经常说我："哇！你怎么做到完全不拖延的！"但那只是表象。面对一些复杂的大作业，我会定好阶段性 ddl，确保自己有序推进，而非在期末季的最后一周赶出一个残次品。但是，我也会在心里计算完成任务究竟需要多少工作时长，有时拖延到必须开始了才去做。

拖延绝非个例。

北大的很多作业是在教学网提交的，ddl 一般设定在 24:00。所以很多同学会一直拖延到 23:59，才去提交，导致服务器过于拥挤，大家都提交不上，最后在群里截图问助教："请问服务器崩了，作业提交不上怎么办呀？"然后助教就会留下一个邮箱，来拯救交不上作业的心碎北大学子。

### 6.1.5　习惯性社交？

社交的重要性不言而喻，可以扩展人脉，互通信息，交换资源，收获友谊，获得快乐……有人说："学霸是习惯性社交的，在一个社交场合里总能快速让大家认识自己。表现亮眼，输出观点，整合资源，加上一串微信，知道每个人在做什么，有哪些潜在的合作空间……"

我承认确实有些学霸是习惯性社交的，很多大一的学弟学妹就是可以快速和学长学姐拉近关系，获得关于选课、往年题、竞赛方向等的信息差。但这同样并不是成为学霸的必要条件。MBTI（Myers-Briggs Type Indicator，迈尔斯-布里格斯类型指标）人格测试显示，e 人是通过社交获取能量的，而 i 人是被社交消耗能量的。很多学霸，就是 i 人。喜欢自己安静学习，慢慢琢磨，并不把太多心思花费在社交上，同样能取得很好的成绩。

热情开朗也好，沉静内敛也罢，都是人的不同性格，没有高下之分。做你自己，就很美好。

## 6.2　表现形式不同：五颜六色的学霸

学霸们的表现形式差异太大了，那个在走廊骑着暖气片傻乐的小瓜同学，课间忙着刻橡皮章的竹子同学，在卷子上睡出一小摊口水的小碗儿同学，如果不说，你很难想象他们都是清北级别的学霸。这一节，让我们走进学霸们接地气的世界。你会发现，他们和我们完全是同一物种，没什么不可成为，不可超越的。别把学霸想象得太遥远，也别把自己想象得太无能！

### 6.2.1　绿色的小瓜同学

小瓜是我的好哥们，相识十余年，堪称我生命里闪闪发光的"神经病"。

如果用一种颜色来形容他，我觉得是充满生命力的绿色。有时候像初春的嫩芽萌发生机，有时候像一团野草任风吹雨打却野蛮生长。永远乐观、自信，既傻又聪明。

小瓜同学是个从小学奥数，经常能和奥数老师在课堂上一唱一和的小机灵鬼儿，后来顺理成章了数学竞赛。高中我们是校友，高一的时候在两个不同的校区，他在竞赛创新班，我在高考创新班，但丝毫不影响他的"事迹"跨越长庆街，飞一般传入我的耳朵。

高一的时候，他是全年级"唯三"拿到高中数学联赛省一等奖的选手，被特批可以"脱产"学习，意思是可以不用再在班级的教室里学习语文、数学、英语、物理、化学、生物，而是在高高的五楼，和其他竞赛生一起，自学竞赛，刷题练习。

对于别的竞赛生而言，这是屏蔽干扰，全力冲刺的好机会；对于小瓜同学而言，这是脱离老师"魔爪"，远离作业纷扰，全力拥抱自由的好机会。于是，他带着手机来学校，在竞赛教室，甚至洗手间的"专属坑位"里跟神出鬼没的竞赛教练员打游击战，然后几乎大获全胜，为自己争取到了"宝贵的玩手机时间"。

玩着玩着，一年很快就过去了，高二学年的高中数学联赛开始了。

在其他同学进入省队，甚至获得清华北大等顶尖名校录取资格时，小瓜同学拿了省二等奖。脱产一年，省一变省二，竞赛教练员竟无语凝噎，同学们"啧啧称奇"。而小瓜同学本人，在高三开启时，在距离高考不到一年时，乐呵呵回来学高考知识了。而此时，不仅除了数学以外的其他学科，于他而言是陌生的，就连高中数学也比数学竞赛要求得更加细致，导致他总是拿不全过程分。

有人想要看他的笑话，可小瓜同学自己不觉得尴尬，所以就没有人能够让他尴尬。他还是乐呵呵地上学，高高兴兴和朋友们玩闹，再乐呵呵地放学回家。高三的时候，我们在同一个校区，他回到竞赛创新班，我去往理科荣誉班，我们成为隔壁班同学。每每在操场和教学楼相遇，我们总要"中二"地击个掌，确认下彼此的精神状态尚且良好，精神面貌依旧积极。

但瓜哥永远是瓜哥，是批评、诋毁、看热闹都不能击垮的快乐小瓜！很快，小瓜同学就适应了高考的学习节奏，在一千三百多名理科生中考出了二十几名的好成绩，因其火箭般的进步，被年级主任特批进入荣誉班。

好巧不巧，那段时间荣誉班开始拉单桌，小瓜成为我仅隔着过道的"同桌"。于是，我得以近距离观察小瓜同学的日常。

当我认真听课，记录变式和模型时，小瓜同学在干什么呢？他一只胳膊呈90度放在书桌上，额头枕在小臂上，遮挡老师的目光，双腿岔开，中间是手机，即使是左手玩手机，也能操作自如。

当我课间午间埋头刷题时，小瓜同学在干什么呢？他大概率并不在自己的座位上，可能在教室外的走廊，或者洗手间的"专属坑位"。小概率会在座位上睡觉，极小概率会在座位上补作业。

我身边的很多同学都说过，因为我非常能学，所以坐在我旁边很有学习氛围。自己不学看着我学会很有负罪感，但小瓜同学完全没有。我学我的，他玩他的，可以说是井水不犯河水。

小瓜是非常乐观的，甚至有些"不着调"，但这种乐观，其实是他的保护色。让他无惧他人目光，无惧同龄人的优秀，只做自己。

当小瓜在学习的时候，他是真的在研究，在琢磨，在努力动用他聪明的小脑袋瓜。因为乐观，他没有疯狂为弥补不了的过去而后悔焦虑，没有为看不清楚的未来而迷茫内耗。他愈挫愈勇，展现出蓬勃的生命力。

在最后的高考中，他以一分之差无缘北京大学，去复旦大学继续学习数学。为此，我好像比他还要遗憾。每当我在北大想要出去玩耍，但身边的好朋友总说要学习时，我都会愤怒地给小瓜发消息说："你要是在北京多好啊！我就不会找不到人出去玩了！你当时再努努力不行吗！真后悔没有天天按着你学习！"而他总是轻描淡写："我觉得现在这样也挺好，嘿嘿。"

### 6.2.2　白色的竹子同学

竹子是我初中阶段最好的朋友，我们一起当语文课代表，把一摞摞的作业从同学们手中收上来，做好登记，从班级搬运到办公室，再从办公室搬运回班级，一本本发给同学们。我们手挽着手，去食堂吃饭，去走廊散步，去操场运动，好像有说不完的话。我自认为是非常能说的人了，但有时候在她身边也觉得抢不上话。她叽叽喳喳，分享各种稀奇古怪的事物和心情，明媚可爱。我们穿着一模一样的白色校服，阳光洒在后背上，她在闹，我在笑，满满青春的味道。如果用一种颜色来形容她，我觉得是简简单单的白色。喜欢就是喜欢，不喜欢就是不喜欢，简单纯粹，心无杂念，所以更容易把事情做好。

竹子也是一个很快乐的人，她喜欢做手工，会用各种各样的珠子和胶枪做发饰，还送给我做生日礼物。她会雕刻各种复杂的橡皮章，一下一下，极有耐心，成品一摞又一摞。她特别喜欢唱歌，经常走着走着就唱起来了，像一个行走的八音盒。她在年级的合唱比赛中为班级的排练"鞠躬尽瘁"，演出那天穿着紫色的长裙，作为指挥、自信大方。她的兴趣爱好很多，喜欢做什么就做什么，也因为喜欢，所以做什么都能做得还不错。

学习也是一样。她是老师最喜欢的那种乖学生，让做什么就会做什么。

她上课总是会非常认真地听讲，望向黑板的眼睛里仿佛有光。因为我们班的师资力量非常好，所以她全心全意信任老师，认认真真做好手头的每一件事，成绩自然也很棒！

初中的时候，我的成绩起起伏伏，不算特别稳定，有时难免焦虑迷茫。我不太敢停下来，恨不得争取一切时间来学习，而她则总是笑嘻嘻的，很放松，在我身边，让我觉得非常治愈。我曾经问她："马上要中考了，你拿那么多时间去玩，去发展兴趣爱好，不觉得浪费时间吗？"

她很认真地对我说："我觉得做自己喜欢的事，让自己快乐，不算浪费时间。"

这句话我记了很久很久。是啊，我们穷尽一生，究竟是在追逐什么呢？多少人求学是为了考上好的大学，找到好的工作，然后呢？然后就不知道了。又有多少人能够真的纯粹如斯，求学是为了获取知识，享受知识本身带来的快乐呢？这是很长很长的一生，足够我们追求很多东西；这也是很短很短的一生，总是为了未来而活，谁又能为今天的快乐而负责呢？

快乐的状态，积极的心态，让竹子同学在大考中总能以黑马之姿脱颖而出。谁说奋斗之路必须是苦哈哈的呢？快乐的奋斗也是奋斗，不快乐的奋斗也是奋斗，何不让自己轻松一点，快乐一些呢？

我总觉得，黑马心态的核心就是"快乐，轻松，这考试没什么大不了！越看重，越紧张，就越容易像握不住的沙，不用风吹就失去了。"

### 6.2.3　蓝色的小碗儿同学

小碗儿是我的初中隔壁班同学、高中同班同学，又是我在荣誉班的同桌。我们和后桌的两个同学都是从同一个班级来到荣誉班的，在氛围相对压抑沉闷的荣誉班，我们四个互相问题讲题，嬉笑打闹，狂刷作业，午间补觉，最后我俩去了北大，后桌两个同学去了清华，也算是一段佳话。如果用一种颜色来形容小碗儿，我觉得是湖水一般的蓝色。

她可以沉静得像一汪静谧的湖水：小碗儿是淡颜系美女，皮肤白，眉清目秀，坐在我身边，常给我带来美的享受。英语课上，她常被叫起来朗读课文，流利纯正的英音，真是好听；晚自习时，她常常刷题，她写的汉字、英文、数字，都是清秀整齐的，真是美观；午间休息时，她埋在自己的U型枕里，长而柔顺的栗色头发轻轻扎起来，垂在校服上，真是好看。在我初中跟她不熟悉的时候，她简直符合我对青春文学女主角的全部想象。

她可以汹涌得像一汪涨潮的海水：外表看上去乖而沉静，实际上幽默可爱，神采飞扬。小碗儿在不说话的时候，往那里一站，是很有女神范儿的；往那里一坐，是很有学霸范儿的。所以不熟悉她的人，觉得她是生人勿近的高冷学霸女神。可一旦说话了，就是纯纯的搞笑女。她很会讲笑话，总能在平淡的事物中发现一些奇妙的点，然后惹得大家笑作一团。时间模糊了她讲的很多笑话，但她笑着闹着的样子我却始终记得。毫不煽情地说，真正是乱用一张漂亮脸蛋，动不动就五官乱飞，但即使是这样，也是美的，是更鲜活的美。我俩还曾因为在英语课上疯狂唠嗑，而被英语老师点名批评，然后红着脸，相视一笑后，急忙低头装作认真听课状。

小碗儿真的很爱睡觉。因为下了学校的晚自习之后，还要去校外的自习室挑灯夜战，所以大家都睡不够。但小碗儿好像格外睡不够，她会在课堂上努力睁开沉重的眼皮，困到一直点头，晃晃脑袋，抹一点风油精，再迷迷糊糊问我："这味道冲不冲？会不会影响你啊？"好不容易熬到课间，她如释重负地趴在卷子上呼呼大睡，上课铃一打再挣扎着起来，不好意思地发现试卷上有一小摊口水，急忙擦一擦然后再继续写。虽然会在课上、课下反复睡着，但她清醒的时候会急忙用重启的聪明脑袋把错过的知识点补齐。睡归睡，学归学，一码是一码。

小碗儿真的很爱吃东西。我们这些"苦行僧"，在高三几乎 100% 都是吃食堂的，而小碗儿经常会去学校附近吃点好的，或者点一些外卖，用她的话来说："高三这么累，再不吃点好的，这日子没法过了！"吃归吃，也就多花上二十分钟罢了，吃完以后，她还是会回到座位上继续刷题的。

小碗儿真的很爱喝饮料。高三的晚自习前，她总要先去食堂旁的便利店买一瓶柠檬茶、冰果汁、咖啡之类的饮料，陪伴她度过两个小时的晚自习。有时候甚至买两瓶！美其名曰"提神醒脑"。每当她学累了，想放松一下的时候，或者做题卡住了的时候，就喝一口饮料。后来，我也开始买饮料了……

高三的日子总是过得格外地快，睡一睡、吃一吃、喝一喝，再学一学，就过去了。小碗儿在高考中发挥出色，高出北大录取分数线十几分，在一众热门院系的推荐中，毅然决然选择了相对冷门的北京大学心理与认知科学学院。为什么学心理？因为觉得有趣，因为觉得好玩，因为这是她自己的想法。无须追逐世俗眼中的最好，自己喜欢的，就是最好的。

看起来遥远的乖巧学霸女神，走近了却发现是爱吃、爱喝、爱睡的纯纯搞笑女，并且超有自己的想法！怎能不爱呢！

## 6.3　精神内核一致：殊途同归的学霸

一类人之所以被归为一类，一定是有标准和共同特征的。学霸被归为学霸，标准就是学习成绩好。而共同特征，在我观察了身边几百位清北级别的学霸后，发现以下三点是完全一致，无一例外的：第一，真的在学习；第二，具备抗挫折能力；第三，自信正反馈。了解学霸，才能靠近学霸。

这一节，让我们深入探究学霸的精神内核，寻找具体的方法论。

### 6.3.1 真的在学习

这个世界上没有哆啦 A 梦的记忆面包，知识也不会自动流入脑子里。无论学霸平时看起来是争分夺秒还是游刃有余，他们都是要学习，才能拥有知识的。所以，所有学霸的绝对共同点都是他们真的在学习。

可能有同学问了，这不是废话吗？学生都是在学习啊。不，"学习"和"真的在学习"是完全不一样的。

很多同学的学习，都是被动的。被迫早起上课，被迫写作业，被迫上课外班，被迫去自习室，课程、作业和考试滚滚而来，令人左支右绌。流程化地把知识塞进脑子里未知的角落，然后在考试时拼尽全力地搜索，常常遍寻不得。累吗？简直要累死了。有效吗？好像事倍功半。

而学霸们，是真的在学习。他们学习的时候，是会进入"心流状态"的。根据芝加哥大学心理学教授米哈里·契克森米哈赖的定义："心流"是指因内在驱动力而完全沉浸于一项活动的状态。他在书中这样描述心流状态的感受："自己完完全全在为这件事情本身而努力，就连自身也都因此显得很遥远。时光飞逝，你觉得自己的每一个动作、想法都如行云流水一般发生、发展。你觉得自己全神贯注，所有的能量被发挥到极致。"简言之，在心流状态下，人们感受不到时间的流逝，充满能量且内心满足。当学霸们在学习的时候，常常旁若无人，如果你突然有事叫他们一下，他们往往会被吓到，甚至吓得跳起来。所谓学进去了，大抵就是如此。

如何进入心流状态呢？其实每个人都曾经在生活中有过心流状态的感受。例如，如果你是一个电影爱好者，可能会在星期五的晚上，回到家后，陷在柔软的沙发里，聚精会神地看一部期待已久的电影。你的情绪跟着电影的脉络起伏，你的思维极度活跃，你的人也十分亢奋。两个小时过后，电影结束了，而你还在回味人物与情节，探索更多的可能性。过了一会儿才惊觉，还没吃晚饭，好像有些饿……

复盘你曾经历过的心流状态，其中有哪些关键要素？清晰准确的目标？感兴趣且有挑战的任务？屏蔽碎片化信息的干扰？主动的选择？带来爽感的即时反馈？找到要素，然后在学习时应用这些要素，才能进入真正属于你自己的心流状态。

## 6.3.2　具备抗挫折能力

还是那句话，这个世界上的人很多。聪明的人太多了，努力的人也太多了，甚至既聪明又努力的人都太多太多了。所以没有一个学霸，在学习之路上从未遭受过挫折。

我从小到大一直在本地最好的班级学习，还在荣誉班排过倒数，无论我觉得自己哪一个学科有优势，身边都有比我更强的同学。在高三成绩不理想的阶段，我也曾痛苦迷茫。强如数学竞赛省队第一名的郎哥，也曾失利于清华大学数学营。强如文科状元的 Lily，也曾成绩下滑，被困难打倒，然后就地"躺"了会儿。强如理科状元的添植，也曾顶着亲人重病的压力面对语文的瓶颈。而市谷蓝，更是面对了残忍的校园暴力和早恋危机，在抑郁中艰难自救，方才迎来新生。

我没有见过一个学霸，是一帆风顺，从未遇到挫折的。如果有，那说明他看到的世界还不够大，他所处的环境还不够优秀且高压。考试总会有起伏，难题和强敌总会与我们不期而遇，这本身就是成长的一部分，是每个人都会经历的青春。而区别是，有些人抗挫折能力不够，就在挫折中倒下了；有些人抗挫折能力很强，就在挫折中成长了。

如何提升自己的抗挫折能力呢？首先，我们要正视挫折，具体有以下几种方法。

认识到挫折的普遍性。不要人为渲染自己的苦难，把自己描摹成凄惨的样子，从而为自己做不好找到充足的借口。每个人都会遇到挫折，那些你认为可能只有自己才会遇到的挫折，哪怕概率极小，在历史的长河中，其实总有人面临过类似的境遇。没有一分挫折与苦难，是孤独的。朋友们，人活一口气，这口气提起来了，很多事情就能熬过去；反之，只能灭自己威风，长苦难志气。

站在十年后的视角去看问题。很多挫折，离得近了，会显得非常大；离得远了，也就不过如此。我现在都记得，小学时候的小挫折，是上学忘记带作业，老师怀疑我没写。我当时脸都涨红了，委屈极了，恨自己明明一笔一画写了作业，却偏偏忘记装进书包。老师从讲台上一步一步走到我面前，粗跟鞋踩在地面上作响，每一步都踏在了我小小的胆子上。小学时候的大挫折，是期末考试考砸了。看着试卷上的红叉叉，觉得自己要完蛋了，暑假都没办法快乐起来了。那些曾经让 12 岁的我无比恐惧的挫折，在 22 岁的我看来，不仅不可怕，甚至还有些可爱。如果你现在正面临着一个很大很大的挫折，想一想十年之后的你吧，那个更成熟、更有底气和实力的你，才能看清所谓挫折真正的大小，别怕！

行动是面对挫折最好的反击。被挫折打倒，可以先"躺下"歇一会儿养精蓄锐，但不能在内耗的情绪中越陷越深，如入沼泽之中。爬起来，先迈出第一步，哪怕跌跌跄跄，但只要在行动，路走着走着就清晰了。

具体而言，我要再提一次超好用的"5 秒法则"。我在很多次早晨起来的时候，都觉得不想干活，然后越玩手机越累，时间过得飞快，人还特别焦虑。但当我在心中设置了一个启动仪式，默念"5、4、3、2、1"之后，立刻开始行动，我就发现自己不再焦虑了，能够"沉浸式"做事了。

修炼抗挫折能力，稳赚不亏！

### 6.3.3　自信正反馈

一个人的性格特点，有表象和底色之分。从表象上来看，有的学霸积极表现自己，乐观自信强大；而有的学霸相对社恐，不爱在公开场所站出来，喜欢默默缩起来。但拨开重重迷雾和掩饰，我发现，每个学霸的底色都是自信的。

这是源于我们的教育、评价体系。对于绝大多数的普通学生而言，考试的分数就是对学生的评价标准，考得好就优秀，考不好就无能。活在肯定和鼓励里的人自然会自信，活在否定和批评里的人自然会自卑。而自信和自卑，都是正反馈机制。一个人越自信，就越容易把事情做好，事情做得越好，就会越自信。一个人越自卑，做事就越畏畏缩缩，事情自然做不好，就会加重自卑。

想要打破自卑正反馈，建立起自己的自信正反馈，就要从源头开始。

强烈建议同学和家长共同阅读这一段：家庭就是社会的最小单元，我们可以共同建立家庭的多元化评价体系，塑造一个充满爱和鼓励的地方。我们可以共同挖掘家庭成员身上所有美好的品质。例如，一个孩子，不只是学习成绩好值得表扬，体育运动、艺术美育方面有天赋，性格善良喜欢帮助他人，沟通能力强可以解决问题等，都是值得表扬的。

我是在小学四年级快结束时才突然崛起的，此前我的注意力并不在学习上，学习成绩平平无奇，但我一直非常自信，拥有一大帮好朋友，为什么呢？因为我的妈妈。从小她就鼓励我尝试各种没有尝试过的事物，鼓励我站到人前表现自己。她能发现我身上任何一个微小的闪光点，然后拼命鼓励我，表扬我，让我觉得自己是世界上最棒的女孩儿，从内而外都是自信的。小时候刻在 DNA 里的自信，可以帮助我面对长大后的许多苦难。不要羞于赞美他人，不要羞于接受他人的赞美，这是我们的教育相对缺失的部分。我很感谢妈妈帮我补足了这一部分。

发现美，肯定美，才能产生自信。而自信正反馈，能帮助我们解决很多问题。

# 附录：学霸的 88 个学习技巧

## 理科篇

**1. 模型总结法：** 一道物理压轴题，往往是多个基础模型的变式和叠加。所以遇到难题，不仅要会做，还要会拆。把它拆分成几个小的模型，积累在模型本上，标明考查的知识点。把基础的模型吃透，多去站在出题者的视角思考如何变式，才能在考场上游刃有余地进行模型重组。一拆一组之间，分数自来。

**2. 物理画图法：** 做题不能光靠脑子想，一定要写写画画。图画得越明白，思路也就越清晰。例如，受力分析，不同性质的力可以用不同的颜色来画。不同的情况，可以画不同的图来显示。不要全都画在一张图上，画着画着就乱套了，画乱了自然算不对。

**3. 化学志怪录：** 化学之难，不在于有规律的一组组方程式，而在于生成的新物质。没有规律，就是事实，需要多见识，多记录。就像写一本志怪录一般，每做一道题，发现一个新物质，就及时记录在本子上，见得多了，自然就会做了。

**4. 字典学习法：** 每个元素的物理性质、化学性质、常见化合价、常见化合物及其用途、相关化学方程式等，课本上都有。像字典一样整理好，边整理边背诵，每次考前翻看。每次做题遇到相关知识，及时补充到字典里。

**5. 术语整理法：** 化学的大题，很多语言表述是固定的，背下来，填进去即可。例如，洗涤操作：向漏斗中加入洗涤剂浸没固体，自然流下，重复 2～3 次。在参考答案中见到了术语，整理下来，下次遇到不用动脑子直接写上去即可。

**6. 回归课本法：**生物是最需要回归课本的，因为几乎100%的考查点，你都能在书里找到。加黑加粗的是重点无疑，该背就背，甚至逐字逐句去背。普通黑字是必要的知识储备，理解着背即可。课本实验和各种小字，千万别忽略，差距往往在这里产生。生物是理科中的文科，把书读烂都没毛病！

**7. 书中细节要注意：**生物的书中细节包括"书侧的小问号"，可以提供一些思考的角度，也会出现在选择题里。"问题探讨"，可能以此为背景出大题，如果先有了解，做题时会有心理优势。"技能训练"，实验题的基础和背景。"资料分析"，对概念理解很有帮助，而且也是常考的例子。"本章小结"，梳理知识体系、查缺补漏的好帮手。

**8. 巧用错题本：**那些你确实没有思路的重难点，你错了之后直呼"该错"的题，就整理到错题本里去。具体步骤如下：（1）把试卷正反面复印（如果不再需要这张试卷，可以不复印）。（2）把错题的题干裁剪下来，粘贴到错题本上。（3）先看着正确答案学会解题思路，再在粘贴好的题干下面重新做一遍错题。做完后用红笔批改。此时再做错的，就真的是重中之重的题目，可以用红笔重新誊抄正确答案，并用白纸盖住答案反复尝试解题，直至可以完整独立解出。（4）注明题眼（试题考查的重点主旨所在）、突破口（从哪个条件开始解题）、关键的套路和小结论（可以复用在其他题目中的精华）。

**9. 主线＋副本练习册：**拿出最近一次考试的卷子，看看自己究竟是哪个类型的题在失分，然后去找对应的题目大量练习。其实学霸手里，每个科目都有两三本练习册，当然不会是全部的题都做，而是想找类型题的时候，能找到好多好多。一本练习册全部刷完当主线任务，再来一两本当副本，才能成为刷题王者。

**10. 机械化数学法：**预习，不需要全部学懂；上课，笔记的形式并不重要；课后，整理笔记＋刷题；积极向老师求助，与同学互助。按照这一套流程学习，就能把握基本盘。再通过"错题本"和"随身本"锻炼熟练度，看到题就知道该把什么套路安进去，就算是把机械化数学法学成了。

**11. 数学蒙题法：**到了考场上，无论黑猫白猫，能抓到耗子的就是好猫。选择题就把选项代入进去反推，最多尝试四次总能得到正确答案；问角度的题就用量角器直接量，越正规的考试出图越精准，暴力求解没毛病；不会做的填空题就选一些常见的答案，比如 0、1、–1、根号 2 等。

**12. 有效笔记法：**上课的目的是吸收知识，不是做出一本好看的笔记。老师所讲的东西完全没有必要逐字逐句地记下来，因为老师讲的大多数内容其实都是课本上的内容。下课后自己看课本就可以了，概念、定理都不用重新抄写一遍。建议大家要记那些老师讲到的，但书本上却没有的东西，比如对定义的进一步阐释、一些特殊的例子、一些常见的二级结论。

**13. 聪明地抄作业：**有些题目，都是同样的类型换个数字罢了，完整解出一道确保这个类型题已经掌握后，该抄就抄；有些题目，是你非常熟悉的套路，你已经知道解题共分为几个大步骤，但具体落实去计算却要花费大量的时间，那该抄就抄；有些题目，综合性很强，涉及部分后面的知识，此时硬要去做还需提前预习，做不出来还会打击自信心，可以做好标记，该抄就抄。等学完后面的知识回过头来再看，问题就迎刃而解了。聪明地抄作业，才能为真正值得的题目留出更多的时间。

**14. 限时沉浸法：**判断题目在试卷中的定位，是基础题、中档题，还是困难题？一般会是什么题号？你在考场上，顺利的情况下，最多会给这个位置的题目多长时间？然后就以这个时间为限制，比如我自己给数学第十二道选择题的时间最多就是二十分钟，给导数大题的时间最多就是五十分钟。那么我在练习时如果遇到相同位置的题目，就也会给自己二十分钟，五十分钟的时间去沉浸。避免在一道题上钻牛角尖，浪费大量时间。

**15. 四步榨干一道题：** 第一步，自己先做一遍，即使做不出，也要留下自己完整的思考路径；第二步，拿出参考答案，看懂它，分析它的结构，在自己的答案旁边用红笔把关键点写出来；第三步，看着红笔的提示，自己完整解一道题目，在题目旁边标注一颗星星；第四步，考试前重新独立做一遍题目。能独立完整解出就标记一个对号，不能独立完整解出就标记一颗星星，然后再仔细看一遍答案，等待下一轮的检验。星星的数目越多，说明你在这道题上摔倒的次数越多，但没关系，坚持下去，总会迎来那个胜利的对号。

**16. 巧妙利用参考书：** 理科的知识框架和思维导图，没有必要自己花很多时间去做。很多优质的参考书，不仅可以刷题，还有专业人士花费无数时间整理出来的框架和导图，花几十分钟吃透即可。节省下来的时间都去刷题，提升熟练度，见识新题型，同样的时间，会有更好的效果。

**17. 扫雷法：** 看整理好的思维导图，一个模块一个模块过，回忆相关的内容。有模糊不清的，就是扫到雷了，赶紧回去看书、翻笔记、刷题，及时排雷。

**18. 吃透真题法：** 高考真题是最重要的学习抓手，如果没有在恰当的时机做，或者只做一遍，实在是暴殄天物。建议在高三一轮复习后，刷高考真题的套题练手，为自己算出分数，做到心中有数。套题中的难题、创新题，可以反复做，反复揣摩，思考高考的考查方向。

**19. 拒绝盲目题海：** 十道题做一遍，不如一道题做十遍。同一类型的十道题全做对，固然很爽，却无提升。一道难题钻研许久仍无解，固然打击自信，却是提升正道。不会的题型反复做，才能避免做了错，错了做，做了再错。

**20. 理综套题训练法：**如果你所在的省份仍有理综考试，请记住物理、化学、生物，分别能够考得很好，不代表理综能够考得很好。1+1+1>3！需要多刷套题练习时间的分配、精力的管理，才能稳中求胜。

# 文科篇

**1. 素材积累法：**积累素材在日常。不用局限在优秀作文、名人名言、时事新闻上，早上坐车听的广播，学校播放的纪录片，周末看的电影和综艺，甚至洗澡时的灵光乍现，只要打动了你自己，就可以随便找一张小纸条记在上面，然后把小纸条丢到笔袋里，定期把笔袋中的素材誊抄到素材积累本上，就能收获专属的优质素材集。

**2. 打标签法：**如果摘抄后就不再翻看，那所谓的素材积累就只是装装样子，不会有什么效果。人的忘性往往比记性好得多！每段素材，至少要看上 3 ～ 5 遍，并且边看边思考：这段素材可以用到什么主题的作文中？用关键词概括，给每段素材打好标签，才是有效积累。

**3. 思维冲刷法：**语文的实质是考查思维，盲目刷题作用不大，因为你的思维是停留在固定的层面上，有些答题点就总是想不到。这时候就要听老师讲了，网络上真的有非常多很好的资源，能利用好的人，就会惊觉信息时代带来的巨大精神财富。听不同的老师讲解，会带来新的视角、新的思考，一遍遍冲刷自己的思维，而且不会像自己苦思冥想那样辛苦，而是思维流畅的爽感。

**4. 作文三要素法：**自己盲目练笔，一篇作文 800 字，写完至少要四十分钟，拿给老师去看，获得几句话的评价，实在是事倍功半。不如多去思考作文的三要素。（1）如何分析一道作文题目。（2）如何寻找切入点。

（3）如何组织素材。可以多听老师讲三要素，也可以自己找一些作文题，自己去思考这三要素，然后与参考答案的要点做对比，逐渐找到作文的感觉。用三要素刷作文的方法，别人写一篇800字作文的时间，我们可以刷三篇！

**5. 语文积累本：**语文功夫在平时。除了课内的基础任务，课外的延伸积累也很重要。前者保下限，后者提上限。养成习惯，把平时写作业、刷题、考试遇到的文言文实词、虚词、文化常识都整理在语文积累本上，考前翻看背诵。考几次，看几次，就背熟了。

**6. 碎片时间学英语：**英语基础部分是课内固定的语法和词汇，没有太多思考层面的难度，只要认真，肯花时间，问题都不会太大。背单词，记语法，总结固定搭配，刷阅读理解和完形填空题，这些任务相对碎片化，非常适合课间的碎片化时间去学习。

**7. 例句记忆法：**记住单词最好的方法就是使用它，不然背得快，忘得更快。把你遇到的单词编成句子，句子越特殊搞怪越有记忆点，同时还可以活跃你的思维。

**8. 词根记忆法：**学一个名词，要想到它的动词、形容词、副词等变化，让一个单词变成一串单词，全部收入囊中。

**9. 单词分类法：**只有考纲词汇才需要做到听得出、说得出、读得出、写得出，熟练掌握。阅读词汇只需见到它时认识即可，不必非要一个字母一个字母地背。尤其是一些很长的专业名词。听力词汇需要听到即可迅速识别，要对它的英音美音都掌握，对它有敏感度，但无须一个字母一个字母地背诵准确。分类掌握才能事半功倍。

**10. 完形盲填法：**英语的完形填空，可以先不看选项，当填空题做。填完再和选项比照，选和你盲填的结果最接近的那个选项，这样做准确率非常高！

**11. 完形阅读积累法：** 完形和阅读经常考的熟词生义，习惯用法，特殊搭配，有时是有一些玄学。但其实也是要靠积累的，不能做完一篇迷迷糊糊就过去了，下次见到还跟没见过一样。准备一个专门的积累本，每天做一篇完形＋一篇阅读，再加上老师布置的和考试考的，每一篇都把一些特殊用法记下来，久而久之就形成语感，会做了。

**12. 阅读画线法：** 千万不要一大篇文章读完了，就头脑发昏，根据印象胡乱选择。每一道题都要到原文中找到依据，把对应的句子画线，标上题号，才算十拿九稳。这样检查的时候就不用盲目再读一遍原文，省时高效。

**13. 英语作文关键点：**（1）绝对不能跑题，就可以保住下限。这就要多看各种各样的题目，看对应的参考答案，与自己的思路核对，不断向答案的思路靠近。（2）总结文章的套路，这样可以节省大量的时间。如果看着每一篇作文都是从 0 开始，那么之前的练习将毫无意义。练过，就要留下一些东西在脑子里。（3）要点必须踩准。（4）语言必须漂亮。英语作文的篇幅相对较短，可以多多练笔。

**14. 知识整理法：** 文科的学习需要把知识由点到线，由线到面整理起来，整理出知识框架、思维导图，才能知道题目想要考查什么，知识点之间如何联系在一起。而且这个过程最好是自己来做，用自己的逻辑和思维去梳理，才能记得更清楚。

**15. 政治答题法：** 首先，书本上的知识点，常用的知识点一定要写上去，这是基础。基础好的人，分数的下限就会比较高。然后，那些模拟题里出现的高频的语言、时政材料里的新兴术语、书中没有的知识，才是有区分度之处。区分度的题目做好了，分数的上限就会比较高。

**16. 专题总结法：** 非常适合政治这种规律性很强的文科。（1）选定一个专题。题目做多了就知道，看似无穷无尽的题目其实大致可以归为几类，类型是有限的。比如"国企民企专题""乡村振兴专题"。（2）把很多相关的题目都撕下来贴上去，把有价值的点标注出来。不断循环这个过程。（3）题量积累到一定程度后，把专题做个汇总，即一个专题下面有多个要点。此时浓缩的都是精华，选择手写，记忆更牢固。（4）最后是根据模拟题出题的频率、题目可以考查的话题度，来为专题排优先级。重要的反复看，次要的也要看。尤其是考前，临阵磨枪，不快也光。

**17. 地理画图法：**气候类型分布图、行政区划图、板块分布图等，细节都非常多。看地图一百遍，不如亲手画一遍。可以先描摹出轮廓和边界，然后自己填图，填得多了，自然就对其绝对位置、相对位置有数了。

**18. 知识卡片法：**准备一摞小卡片，放在书桌上。把老师上课随口讲的，自己做题遇到的碎片化知识，随手记下来。不用记大段大段的原理和概念，就记一些简单的小口诀和小方法。考前紧张看不进去大段大段的书时，正适合翻看这些知识卡片。

**19. 历史时间轴：**一些历史专题，如抗日战争、解放战争等，有非常多的时间节点，且涉及政治、经济、文化等多个方面，就适合用时间轴的方式来辅助记忆。可以从上到下画一条时间轴，左侧标明时间点，右侧标明事件及其相关内容，以供复习。

**20. 横向比较法：**横向比较相同的时间段内，世界历史和我国历史分别发生了什么？可以先画两条历史时间轴再进行比较，找出联系、差异点和共同点，这种方法非常锻炼综合能力。

**21. 三步背书法：**书要越读越薄。第一步背书，可以地毯式熟读，不要放过任何细节的知识点。第二步背书，选择其中的重点和关键整理成笔记，可以选择打字，会比手写快一些。第三步背书，把整理好的笔记打印出来，用荧光笔画重点。到了考场上，在考前的最后几十分钟，可以再去看一遍荧光笔画的部分。

**22.穿线法：**一道大题下面往往有多个要点，最难背的情况，就是要点与要点之间是并列关系，没有太大的关联，这样非常容易遗忘要点，此时，要学会"穿线"。可以灵活运用谐音梗，把每个要点的关键词串成一个趣味小故事。看到题目，想起小故事，引出关键词，就能不遗漏要点。

## 综合篇

**1.快乐的小格子法：**我们只需要一张白纸，画好 5×6 的格子。每天睡前，请你把这一天所有帮助你变得更好的事情简要记录下来。比如，学习类：学明白物理 1.1 节、背 50 个单词、写一篇 800 字作文、整理 10 道错题。个人成长类：看一部纪录片、一场演讲比赛、读一本书。生活习惯类：护肤、跳操 15 分钟、跑步 2 公里、和朋友舒适相处。然后为这一天的小格子涂上颜色：快乐涂明黄，一般涂蓝色，难过涂黑色。记录一段时间，小格子会帮助你更好地观察自我，靠近快乐而充实的生活。

**2.考试目标分的设定：**有一些题目，你本可以得分却失了分：马虎导致的计算错误、时间分配不合理导致会的题没有时间做、太紧张导致考试时思维混乱，当时不会的题，过后很快就会做了。可以计算这些题目的总分数，作为"增值分"。你的"原始分"+"增值分"，就是你下一阶段考试的合理"目标分"。

**3.王者学习法：**想象自己是一位真正的王者，拥有"莫名其妙"的自信、旁若无人的专注和死磕到底的精神。不要觉得这是空谈，心理学上有"角色效应"：说的是当人处于某种特定角色的时候，通常会因为这种角色而产生对应的心理和行为变化。当你真的以王者的角色去学习，去工作，去生活，你会发现：做自己的王者，真的能主宰自己的命运！

**4. 高效休息法：** 玩手机并不能带来彻底的放松，往往还会带来头昏脑涨、目眩耳鸣。我们可以尝试读书，亲近自然，运动，看辩论赛、美剧和纪录片……"高效"和"休息"可以兼容。没有人不休息，只是学霸能够更加聪明地休息。真正放松身心，不留遗憾、悔恨，同时提升自我。

**5. 四象限法：** 把所有要做的事情排好优先级，按重要、紧急两个维度做好分类。重要不紧急的事是一天之中最应该首先开始做的事，比如文科的积累、理科个性化刷题。因为重要不紧急的事情，拖延着拖延着，就也许永远也不会去做了。其次做重要紧急的事，无论如何你都是会完成的。接下来做紧急不重要的事，其实也是包含一部分作业的（如重复性高的，自己已经很熟练的部分），还有老师和同学向你提出的一些紧急需求，这些事有时需要做，但从长远来看，最好是少做。最后做不紧急不重要的事，这些往往是快乐的事，比如打游戏、追剧、看小说等。这些则可以作为奖励时间而存在。无须灭人欲，注意不要沉溺即可。

**6. 一千小时定律：** 一万小时的锤炼是任何人从平凡变成世界级大师的必要条件。一万小时是什么概念？如果每天工作八小时，一周工作五天，那么成为一个领域的专家至少需要五年。对于高考来说，不用一万小时，一千小时足以。每天学习十小时，一周学习七天，三个多月完全足够突破所有瓶颈。那么，你有耐心和信心吗？

**7. 费曼学习法：** 永远不要藏私，觉得自己的东西不想讲给别人听，因为在给别人讲的过程中其实也加深了你对知识点的理解，而且别人的钦佩和感谢可以使你获得成就感和幸福感，从而激励你继续努力学习，这样才能在别人问问题的时候不被考倒，起到良性循环的作用。这也是知名的"费曼学习法"：Concept（概念）、Teach（教给别人）、Review（回顾）、

Simplify（简化）。只有当你能够自如地把知识讲给别人，让别人顺利听懂的时候，你才是真的掌握了这个知识。

**8. 巧用随身本：** 准备一个小巧方便的本子，随手涂画你课上没有跟上的点，或是作业里被卡住的点，收集好问题后集中去找老师答疑，省时高效。不必在意格式与整洁度，甚至可以把各个学科的问题都记录在一个随身本上，做好学科标记即可，比如在数学问题前面标一个"数"，在物理问题前面标一个"物"。

**9. 抓大放小自学法：** 提到"自学逆袭计划"，大家会觉得难以下手。是啊，科目太多了，哪里的分数都不想错失，可时间又是有限的。如何以有限的精力，在有限的时间内，达到最大化提分的效果，让努力实实在在获得回报呢？一是抓大，优势学科先提分，成效明显心态好；二是放小，最后剩余时间集中提分，分数多多益善；三是自学，错失部分考中学，知识拼图不遗漏。

**10. 边考边学法：** 知识是一个巨大的拼图框，需要我们找到这些拼图，并把它们放置在正确的位置上。课上学过一遍，就相当于找到了所有的拼图。每次考试前，我们因为考试的压力而非常高效密集地复习，此时的效果远比平时自己随便自学看一看要好得多。这就相当于把一些拼图拼了上去。考试后，我们发现了许多漏洞和知识点的缺失，就相当于知道了哪些位置缺拼图，课后再针对性学习，把拼图放上去即可。拼图拼着拼着就全了，考试考着考着就会了。也许分数一时较低，但整体趋势一定是向好的。

**11. 输入输出转换法：** 上课是输入，做题是输出。输出总是比输入要辛苦，所以当状态相对较差时，可以选择去听网课；当状态相对较好时，再去刷题。如果在一个状态下时间长了，自然会疲乏，适时切换，才能长期可持续学习。

**12. 目标人物法：** 目标是抽象的，但目标人物却是具象的。找一个和自己基本情况相似，且自己向往他成长路径的学长或学姐，复制他的节奏和规划，再优化他的路径和模式，自然就会事半功倍。

**13. 向上社交的心态：** 第一，不要盲目社交。在参加一个社交局（而非朋友快乐局）之前，先想想局中都有哪些人？自己来参加的目的是什么？具体到在社交局认识新朋友时，也要想想这个新朋友对自己而言有什么价值？学习成长、职业发展、兴趣爱好、情绪价值，都可以。第二，不怕麻烦别人。一个很有趣的现象是，很多关系都是互相麻烦着，就熟悉亲近了。因为人不仅有向他人求助，完成自己目标的需求；也有为他人提供帮助，获得自我价值感的需求。第三，不怕被拒绝。主动发出信号，大不了被拒绝，只要自己不觉得尴尬，就没有任何损失；但如果能够顺利认识到想认识的人，真的是毫无成本的收益！

**14. 向上社交的方法：** 第一，主动出击。从被动等待到尝试性主动出击，再到精准化主动出击，知道该找谁、知道到哪里找、知道用什么方式找，就能领先一大步。第二，把自己标签化。我是谁？我来自哪所学校，学习什么专业？我正在做什么事情，可以提供什么技能或资源？主动把自己的关键词精准化输出，才能给对方留下深刻的印象，促进有效地沟通。第三，真诚利他。本着利他的思维，平日里多去思考自己有什么价值点，有什么信息差，保持开放的态度面对所有人。这样当你向别人求助时，才有人愿意理你。当别人向你求助时，第一次也可以给予充分的支持，如果后续发现对方不值得深交，那再及时止损即可。从博弈论的角度而言，这种社交策略是非常有效的。

**15. 心理暗示法：** 可以是一支幸运笔，也可以是一朵形状奇特的云，它们就是我们的幸运符！同样的事物，不同的心态，就会带来不同的结果。

就好像是心理安慰剂，暗示着我们：没事的，一定没问题的，一定会考得很好的。这种安抚作用，没什么道理，却很有意义。考试这种东西，七分靠实力，三分靠发挥。好心态，才是真正的"超能力"。

**16. 空杯心态：**保持空杯心态，不要轻视任何知识。即使是最简单的知识点，也可能产生奇妙的变换，揉成一道难题。保持空杯心态，不要把自己看得太重。班级第一，年级第一，乃至全市第一，都不应该成为枷锁，而是翅膀。

**17. 第三者视角法：**看待别人的故事总是耳聪目明，很容易看出利弊，寻找最优解，但到自己这里就容易发蒙。所以方法就是，用第三者的视角来看待自己！想象你的灵魂离开身体，作为旁观者，你应该可以预判这具身体未来的走向，并给出合适的指引。

**18. 5 秒法则：**当你的需求出现时，屏蔽掉你的感受，构建起一个"发起仪式"。就像马拉松比赛前裁判的枪声一样，你可以在心里默念"5、4、3、2、1"，然后迅速开始行动。这简单的 5 秒，可以帮助你从内耗的感受中解脱出来。

**19. 如何与老师相处：**特别强的老师，拥抱他；有可取之处的老师，取其精华，去其糟粕；不合适的老师，尽量不要被影响。老师也是人，也会有情绪，也不是永远公正和理性，也会有错误的判断。一个值得学习的心态是允许一切发生。允许老师因为一些莫名其妙的原因不喜欢你，正如允许这个世界上的任何一个人不喜欢你，允许这个世界上的任何一件事发生一样。老师是否喜欢你、看重你，与你是否学好这个学科之间，不应该有直接关系。

**20. 吸引力法则：**你关注什么，就吸引什么。你的关注会放在好的事情上，也会放在坏的事情上。但正能量吸引的是正能量，负能量吸引的也只能是负能量了。吸引的力量，是人的思想与感受指引了行动。我们会被同频的人吸引，身边的事物也会随着自己的变化而变化。

**21. 小老师法：** 能像讲课一样把题目教给别人，并且回答别人基于这道题产生的各种延伸问题。不仅掌握了题目本身的核心，还掌握了题目的外延，这才是我们要追求的目标。当同学们的小老师，可以帮助自己高效完成查缺补漏的工作，互利互惠。

**22. 情绪自救法：** 我们总是为了所谓的"正事"而忽视自己的情绪，但当情绪积攒到一定程度时，可能就没有能力做任何"正事"了，我们要及时自救！追求向内自洽、向外自洽，与自我和解，而非对抗。我们努力为自己的人生找到更多支撑点！去做具体的治愈小事，而非去追寻宏大模糊的意义。

**23. 断电时间：** 在学习和休息之间做切换：为自己规定一个切断连接的时间，比如一小时，甚至半小时，像拉电闸一样，让你的大脑暂时停电。休息是不需要过度思考的，在你的"断电时间"里，你可以不带脑子，纯粹享受快乐的情绪。

**24. 成本—收益法：** 我们先简单画一个十字，然后在左上方写下表头"成本"，在右上方写下表头"收益"，最后在下方依次分条梳理。比如时间成本、时间收益、金钱成本、经济收益、情绪成本、情绪收益、机会成本……梳理着，梳理着，你就会发现自己的内心更加倾向于哪个答案。

**25. 进入心流状态：** 心流是一种将个体注意力完全投注在某种活动上的感觉。复盘你曾经历过的心流状态，其中有哪些关键要素？清晰准确的目标？感兴趣且有挑战的任务？屏蔽碎片化信息的干扰？主动的选择？带来爽感的即时反馈？找到要素，然后在学习时应用这些要素，才能进入真正属于你自己的心流状态。

**26. 晨起唤醒法：** 早上起来做的第一件事，决定了一整天的状态。如果醒来后就开始玩手机、打游戏，很容易陷入内耗焦虑和负罪感之中。如果在洗漱后端坐在书桌前，开始规划一天的任务，并从简单有成就感的任务开始唤醒一整天，将有利于一整天的任务走向。

**27. 屏蔽干扰法：** 君子不立于危墙之下。避免干扰最好的方式就是远离干扰。在决定开始一天的学习时，可以把手机放在其他房间，或交给家长保管。不然一条手机消息，就可能把你从学习状态中拉出来，然后开始不受控制地在各个软件之间穿梭。

**28. 5W2H 分析法：** 在做公共发言或组织材料时，可以按照这一方法来思考并系统表述你的观点。5W2H 即 What（是什么）、Who（是谁）、Why（为什么）、When（什么时候）、Where（什么地点）、How（怎么样）、How much（什么程度）。将复杂问题划分为这七个方面，再分别论述，将更加系统，富有逻辑。

**29. 番茄钟学习法：** 一个番茄闹钟代表着 25 分钟的专注学习以及 5 分钟的自由放松。连续 4 个番茄闹钟代表着已经专注学习 100 分钟，此时可以延长休息时间至 20 分钟。人的专注时长是有限的，番茄钟学习法非常适合用来做专注训练。

**30. 交叉学习法：** 一个学科学习时间长了，难免会厌倦，所以我们要交叉着学习。精力最充沛的时候，可以刷理科的套卷。算太多算迷糊了的时候，可以做做语文的阅读题，背背英语单词。各个学科"雨露均沾"，才能常有新鲜感。

**31. 西蒙学习法：** 想要短时间集中恶补一门知识，就要会"拆"。庞然大物令人心生畏惧，拆分为小板块才能徐徐图之。拆分知识，直到比较容易学习为止，再将每个拆分出的小板块逐个击破，就能掌握这门知识。

**32. 氛围感学习法：** 学习是需要氛围的。可以在家营造学习氛围：远离手机，整理桌面，保持安静，定好闹钟等。也可以外出寻找学习氛围，自习室、教学楼、图书馆、咖啡厅等，都是不错的选择。当周围的环境相对安静，周围的人都在学习时，学习的氛围会让人自然而然开始学习。

**33. 寻找"学习搭子"：** 一个人学不进去，就寻找一位"学习搭子"一起学。互相监督，互相促进。当你觉得累了，想玩手机了，就看看身边的"学习搭子"，如果他还在奋笔疾书，你又怎能轻易掉队？这一招可以同时收获好成绩和友谊哦！

**34. 艾宾浩斯记忆法：** 人的忘性总是比记性要好。想要形成长时间记忆，就需要多次复习 + 短时记忆。我们可以按照艾宾浩斯遗忘曲线的指引，掌握遗忘规律并加以利用，及时进行复习，减少遗忘，力争将所学内容的记忆度保持在 95% 以上。

**35. SWOT 分析法：** 这本是一种企业内部的竞争态势分析方法，但同样可以用于个人思考问题。S (Strengths) 是优势，W (Weaknesses) 是劣势，O (Opportunities) 是机会，T (Threats) 是威胁。从这四个角度出发来思考问题，作出决断，可以更好地面对人生中的种种选择。

**36. 九宫格计划表：** 画一个 3×3 的九宫格，在中间的格子里写下"目标"两个字，再在其余八个格子里写下你具体的人生目标，比如学习、人际、身体等。这八个格子，可以再次画成九宫格。例如，中间的格子写的是学习，其余八个格子就可以写具体的任务：每天背 20 个单词，每天积累一篇作文素材等。这个计划表可以贴在书桌上，也可以作为手机壁纸，时时警醒自己。

**37. 课题分离法：** 只有自己的事情是自己的课题，我们也只需要为自己的课题负责。学会课题分离，才能勇敢拒绝别人，不再委屈自己。坦然拒绝不喜欢的事，就是完成了自己的课题。至于别人被拒绝后的情绪和想法，则是别人的课题，我们无须干涉。

**38. 微习惯法：**长期"摆烂"后如何拿回自我的掌控感？可以从培养微习惯开始。例如，坚持每天早上起床先喝一杯水。为了培养这个微习惯，我们可以在每晚睡前提前接好一杯水放在床头。养成这个微习惯后，我们早晨的状态会更好，长此以往，就会看到自己的改变。降低启动成本，从小的变化迈向大的变化。

**39. 5+1+1 学习法：**在周一到周五的时候集中精力疯狂学习，在周五晚上和周六的时候快乐玩耍，在周日的时候进行总结复盘、整理错题的工作。这样工作日会因为周末的负罪感而学得更加努力，周末也会因为工作日的勤奋而休息得心安理得。长期来看，非常具有可持续性。

**40. 录音循环法：**把一些需要背诵的内容录成音频，在通勤、吃饭、睡前循环听，边听边跟着背。如果听的过程中发现有不熟悉、记忆模糊的地方，就暂停跟练。不知不觉，就把内容都背诵下来了。上句刚出来，下句就自然能接上。

**41. 考后复盘法：**牢记三个单词：Keep（保持）、Stop（停止）、Start（开始）。 每次考试都是阶段性复盘的好机会，除了找到自己薄弱的知识点以外，从战略的角度，还可以去思考：这段时间什么方法是值得保持的？什么方法是必须停止的？什么方法是可以开始尝试的？这三个问题的答案，可以帮助调整下一阶段的学习战略。

**42. 睡眠记忆法：**人的大脑远比想象中神奇。其实，在你睡着的时候，大脑也在进行复习。因此，如果白天学了很多新的知识，晚上一定要保证充足的睡眠，让大脑能够发挥作用。如果晚上开始报复性娱乐，熬夜打游戏看小说，白天很可能就白学了！

**43. 黄金圈法则：** 普通人的思维是先研究做什么，然后去想怎么做，最后才是为什么做。知其然，却不知其所以然，所以做事时难免缺乏主动性，容易盲目。而高手的思维是先研究为什么做，然后去想怎么做，最后才具体到做什么？所以内驱力不断，非常高效。化被动为主动，先定目标再想路径，方为正道。

**44. 绿灯思维法：** 区分好"我"和"我的观点"，才能在面对他人不同声音的时候，不再习惯性防卫。对我的观点的质疑，不等于否定我这个人。认清这一点，才能去寻找不同观点的用途和价值，而非一味懊恼排斥，才是真正的聪明人，才能让人生一路绿灯。

**45. 自信正反馈：** 自信和自卑，都是正反馈机制。一个人越自信，就越容易把事情做好，事情做得越好，就会越自信。一个人越自卑，做事就越畏畏缩缩，事情自然做不好，就会加重自卑。想要打破自卑正反馈，建立起自己的自信正反馈，就要真诚赞美自己的所有美好之处，从小事开始建立自信，由小及大。

**46. 代言人思考法：** 我们是父母的孩子、学校的学生、家乡走出来的人。每个人都是通过局部来了解整体的，当他人不了解的时候，你的模样，就是你的父母、学校、家乡的模样。我为自己而奋斗时，常觉可以偶尔懈怠；我为父母、学校、家乡而奋斗时，常觉动力无穷。人因责任而无畏，虽渺小然伟大。